本书是全国教育科学规划课题教育部重点课题
“和谐社会视野下母亲素养教育模式的实证研究”（DEA100342）
成果之一

现代智慧妈妈必修的12堂课

XIANDAI ZHIHUI MAMA BIXIU DE 12 TANG KE

伊敏芳 陶志琼◎编著

知识产权出版社
全国百佳图书出版单位

内容提要

本书由长期进行家庭教育研究的专家撰写，用3个篇章分12堂课从教育孩子的常见问题入手，用案例、专家指导以及对应的小故事来启迪、帮助家长正确认识孩子成长中遇到的各种现象及问题，为父母教育孩子提出了富有针对性的解决办法，而且点缀其中的名人成长故事不仅增加了本书的趣味性，更令处于教育困境中的父母有心灵一亮的感觉。本书为父母教育孩子的方式提供了一面对比的镜子，是一本不可多得的好书！

责任编辑：国晓健　**责任出版：**卢运霞

图书在版编目（CIP）数据

现代智慧妈妈必修的12堂课/伊敏芳　陶志琼编著. —北京：知识产权出版社，2014.3

ISBN 978—7—5130—2595—9

Ⅰ.①现…　Ⅱ.①伊…　②陶…　Ⅲ.①家庭教育　Ⅳ.①G78

中国版本图书馆CIP数据核字（2014）第030031号

现代智慧妈妈必修的12堂课

伊敏芳　陶志琼　编著

出版发行：知识产权出版社有限责任公司

社　　址：北京市海淀区马甸南村1号　　邮　　编：100088

网　　址：http：//www.ipph.cn　　邮　　箱：bjb@cnipr.com

发行电话：010-82000893　82000860转8101　　传　　真：010-82000860转8386

责编电话：010-82000860转8385　　责编邮箱：guoxiaojian@cnipr.com

印　　刷：知识产权出版社电子制印中心　　经　　销：新华书店及相关销售网点

开　　本：787mm×1092mm　1/16　　印　　张：12.75

版　　次：2014年3月第1版　　印　　次：2014年3月第1次印刷

字　　数：182千字　　定　　价：32.00元

ISBN 978-7-5130-2595-9

目 录
CONTENTS

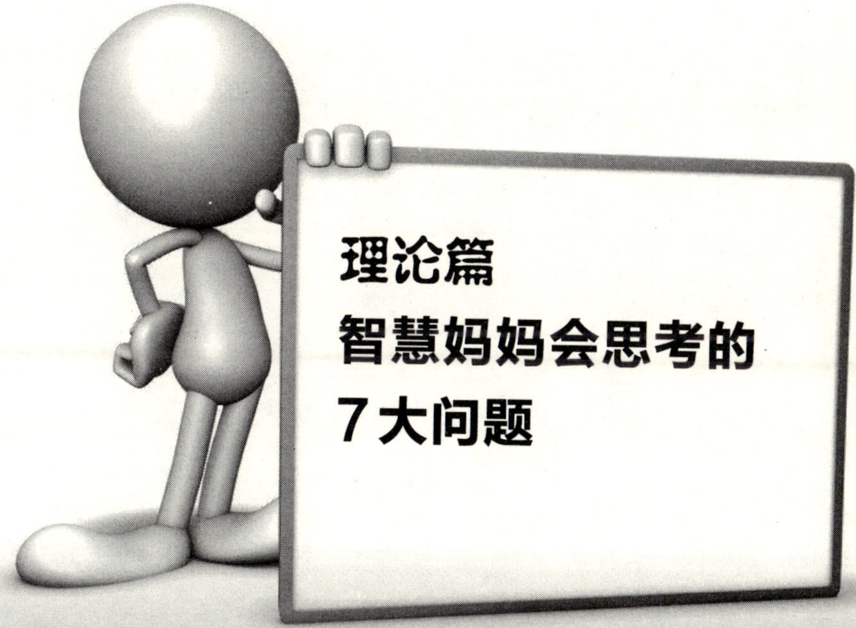

理论篇 智慧妈妈会思考的7大问题

孩子一天天地长大，父母的教养、态度与方法也必须跟着改变。许多父母常常容易片面地看待孩子的变化，造成错误的家庭教育理念。本篇以真实的案例与各方的观点，分析案例中所包含的科学依据和理论，并提供专家的专业点评，以此让我们来正确看待孩子心目中的美妙世界。

第1堂课
树大自然直吗?

作为家长切不可忽视自身形象对孩子的巨大影响。最根本的办法就是——严于律己，事事细心、处处留心、时时真心，为孩子树立好榜样示范。凡是自己做不到的，千万别苛求孩子必须要做到，此所谓“己所不欲，勿施于人”；凡是要求孩子做到的，自己首先得要做到，此所谓“己欲立而立人”。

现实案例：

芽芽是一个四周岁的小女孩，大家都很喜欢她。芽芽不仅长得非常可爱，而且还十分聪明，虽然年纪这么小，可是已经能够有感情地背诵五十多首诗词了。家里人都管她叫“小才女”。但是芽芽经常有些“过分”的要求，比如说，妈妈给她买来的新衣服要是她不喜欢，就一定要让妈妈陪着去买自己喜欢的；爸爸下班回来已经很累了，但是芽芽仍然吵着要爸爸陪她出去玩。如果家里的大人不顺她的意，她便会大吵大闹。家里人也都宠着她，顺着她，还理直气壮地表示：“这么小的孩子哪里懂事啊，长大了就不会这个样子了！不是俗话常说树大自然直吗？”

你家的孩子是否有类似的情况呢？如果有，请写下你孩子的情况。

各路观点：

王爸爸说：“我小时候也很调皮的，现在不是也很好吗？小孩子嘛，小时候就是这个样子的，很正常。”李爷爷和王奶奶认为：“三四岁的孩子懂得个啥！孩子再大一点等孩子懂事了的时候，再教育不是更好吗？”也听有些家长说：“我认识的经理、董事长有的就是初中毕业，不照样把经理、董事长当得好好的，所以对小孩子不必要求那么高，长大了自然就好了。”

陈妈妈认为：“孩子小，不知道什么是对，什么是错，家长如果不及时纠正，就很有可能养成不好的习惯，到时候要改恐怕就很难了！”“三岁看大，七岁看老，”胡妈妈则如此说，“所以一定要从小就抓起。”

你认为谁的说法是对的？你又是怎么认为的呢？

科学理论：

孩子3~6岁这个阶段，在心理学上被称为“儿童早期”或“幼儿期”，这是个体心理发展的一个非常重要的时期。幼儿期孩子的心理和行为特点与成人的不同，他们会将外界一切都看成是有生命的，所以有人说幼儿的世界是物活论的世界。幼儿期的孩子对外界的理解比较情绪化，这一阶段孩子在感情情绪上表现像成人，但在思维上却离成人思维还比较远，他们的心理活动和外显行为都会明显地表现出一时性、动摇性和缺乏持续性。

但是在3~6岁这一时期，幼儿大脑重量将发展到成人脑重的90%，这为儿童的认知、情感、品行的发展提供了先天的物质条件，但先天的潜质能否转化为现实的力量，取决于成人特别是父母对他们的后天教育和训练到不到位。这一时期的良好训练和正确教育会为孩子终身奠定坚实基础：1岁左右听觉发育最佳期，2~3岁是口头表达能力形成的关键时期，3岁左右还是行为习惯形成的关键时期，5岁左右是书面表达能力形成的关键时期，同时也是掌握数概念、思维能力形成的关键时期，此外，3~6岁是性格形成的关键期。

如果这些方面的潜力没有得到适当的开发，随着年龄的增长，这方面的相关能力就会递减下去。正如德国教育家老卡尔·威特所说：对生来就具备100度潜在能力的儿童，如果从一生下来就给他进行理想的教育，那么他就可能成为一个具备100度能力的人；如果从5岁开始教育，教育无论怎么出色，也只可能培养出80度能力的人；如果从10岁开始，教育再好，也只能培养出具备60度能力的人，教育越晚，儿童能力越少。由此看来，我们非常需要抓住孩子这个最佳发展期，科学发掘孩子各方面的潜力，使孩子得到良好的发展。教育家斯普朗格说：教育的核心是人格心灵的唤醒，教育的最终目的不是传授已有的东西，而是要把人的创造力诱导出来，将生命感、价值感唤醒。

在儿童期需要唤醒和发展的一种重要能力便是角色采择能力。所谓角色采择，也被称为观点采择，通俗地说，就是面对各种不同观点采取什么态度，以及如何进行选择并加以运用，是指不同的个人在相互作用过程中，感觉得到他人的态度，意识得到他人的思想和情感，并能够采取他人的观点来理解他人的思想与情感的一种必需的认知技能。心理学家赛尔曼通过两难故事法测量和检查了儿童观点采择能力的发展阶段。

“荷妮是一个8岁的女孩，非常喜欢爬树，但是她的父亲不让她爬树。有一天，肖恩的小猫爬上树后却下不来了，只有荷妮能够爬到树上救小猫，但她这时候想起了她答应过爸爸不会爬树的承诺。”试问：“荷妮知道肖恩对小猫的感情吗？”“荷妮认为父亲发现后会如何对待她？”根据儿童的回答，塞尔曼将角色采择技能划分为以下几个阶段：自我中心观点；主观的观点；反省的观点；第三者观点；角色替换观点。

“她会救小猫，因为我也喜欢猫，而且荷妮的爸爸也会很高兴的。”

——阶段0：自我中心的或无差别的观点（3~6岁）；儿童不能认识到自己的观点与他人的不同，往往根据自己的经验对问题进行判断。（自我中心观点）

“荷妮的父亲如果不知道荷妮爬树的原因就会很生气，但如果知道了就不会生气。”

——阶段1：社会信息角色采择（6~8岁）：儿童开始意识到他人有不同的观点，认为他人所做的就是他所想的，而不能了解他人行动前的思想。（主观的观点）

“荷妮知道父亲会理解她的行动，所以不会惩罚她。”

——阶段2：自我反省式观点采择（8~10岁）：儿童能认识到即使面临同样的信息，自己和他人的观点也有可能会有冲突，已能考虑他人的观点，并据此预期他们的行为反应。但不能同时考虑自己和他人的观点。（反省的观点）

“荷妮去救小猫，因为她喜欢小猫，但她知道父亲不喜欢她爬树，但他不知道小猫的事，他可能会惩罚她。”

——阶段3：相互性角色采择（10~12岁）：儿童能同时考虑自己和他

人的观点，能以一个客观的旁观者的身份对事件进行解释和反应。（第三者观点）

“父亲一般会惩罚不听话的孩子，所以荷妮的父亲会生气，并惩罚她。”
——阶段4：社会和习俗系统的角色替换（12~15岁）：儿童可以用社会标准或信息去衡量和判断事件。（角色替换观点）

给你的孩子讲讲这个故事吧，看他的答案会是什么，请记下来：

专家点评：

案例中的芽芽应该说是处在以自我为中心的角色采择阶段，所以说她的行为应该是可以理解的：一定要买自己认为漂亮的衣服，不管爸爸的疲劳一定要爸爸陪自己出去玩都是为了自己获得快乐。但是绝对不能因为这样就忽视对孩子良好品德的培养。俗话说：小时了了，大未必佳；小树不理不成材。假设芽芽的父母一直对她如此的“宠爱有加”，将来有可能又是一名刁蛮任性的“小公主”。其实这种“树大自然直，人大自然好”的思想危害极为严重。孩子年龄小，可塑性极大，模仿能力很强，是父母培养孩子良好品德的最好时机。小时趁孩子如同一张白纸的时候，实施教育就会事半功倍。可是如果家长的教育不合理，使孩子形成一些不良的思想和行为习惯，又不注意帮助孩子及时纠正，这将会给以后的教育带来几倍、几十倍的困难，严重危害孩子的健康成长。在父母的严格要求下，孩子会逐渐明确好与坏、是与非的界限，提高自己的认识，克制自己的错误思想，规范自己的行为，从小养成良好的行为习惯和道德品质。

因为幼儿的思维处于具体形象阶段，他们主要是通过感官直观选取事物，以直观形象的形式来认识外界。他们不善于利用语言本身所赋予的意义进行分析和调节自己的行为。正由于如此，他们对父母的叮嘱和批评常常无动于衷，而对父母的动作、表情却学得很快，记得很牢。幼儿的学习方式主要是模仿。模仿性是幼儿行为的显著特点。孩子是很善于模仿的。他虽然对事物好坏的辨别能力还比较差，但通常能认真而仔细地注意生活中的一切问题和大人的一举一动，一切都想模仿，一切都想学习。于是，与其朝夕相处的父母就变成了他们的“第一任老师”。

父母的形象对孩子影响之所以这样深刻，还在于父母的形象对孩子来说较之其他成人的形象更加贴切，更有亲和力，孩子更加信服。因此，儿童非常愿意仿效父母，希望成为父母那样的人。尤其对幼儿，那是父母在孩子一生中享有绝对权威的时期。在孩子幼小的心目中，父母是世界上最好、最聪明、最能干的人。他们崇拜父母，绝对地承认父母的权威。因此，父母在幼儿阶段最富有影响和塑造力，甚至会在孩子的心灵上留下终生难以磨灭的痕迹。随着孩子年龄的增长，父母的绝对权威就动摇了，孩子不再无条件地崇拜父母了。这是因为年龄较大的孩子已不像幼儿那样依恋父母，对成人也具备了一定的评价能力。

作为家长切不可忽视自身形象对孩子的巨大影响。最根本的办法就是——严以律己，事事细心、处处留心、时时真心，为孩子起好榜样示范作用。凡是自己做不到的，千万别苛刻孩子必须要做到，此所谓“己所不欲，勿施于人”；凡是要求孩子做到的，自己首先得要做到，此所谓“己欲立而立人”。要求孩子有良好的生活、卫生习惯，自己就不能生活无度，邋邋遢遢；要求孩子热爱劳动，自己就不能懒散，什么家务事都推给别人干；要求孩子多读书爱学习，自己就不能讨厌读书不爱学习；要求孩子讲文明礼貌，自己就不能口出脏话；要求孩子对人要有礼貌，自己就不能冷漠待人……也就是说，要教育孩子成为一个什么样的人，自己首先要成为这样的人。要做到这一点，确实不容易，这需要家长时刻保持清晰的“父母的自我意识”，无论是在公共场合，还是在私人场合如家里；无论是在一本正经地教育孩子的时候，还是在饭桌旁天南海北畅所欲言的时候，都不能忘记父母的职责和对子女应承担的义务。只有时时、处处、事事都注意检点自己，才能教育好孩子，影响好孩子。

最后需要说明的是，一些非常懂事的孩子其实并不是最完美的。一些孩子平时十分听从家长的话，从来不敢有自己的意见。其实这样的孩子是出现心理障碍的高危人群。这些在父母眼中懂事的好孩子，同时往往都性格非常内向，不善于和人交往。他们很小的时候就开始察言观色，总是尽力让别人高兴，为自己考虑得很少，但自己内心的不满又无人可以诉说。随着年龄的逐渐增大，他们会觉得生活真没有意义，总是为别人在活，从而失去了生活目标。所以在孩子的早期教育中，家长如果过分严厉，或是对孩子极度溺爱，都容易给孩子的个性发展造成非常不利的影响，特别是在进入青春期后，家长与这类孩子的交流就会变得更加困难。

所以说，可亲可爱的家长们，孩子的成长远非“树大自然直”，或“不打不成才”这么简单，而是要注意潜移默化的影响。面对你们的孩子：

请注意你们的想法，你们的想法会变成教育孩子的语言；

请注意你们教育孩子的语言，你们的语言会变成你们教育孩子的行动；

请注意你们教育孩子的行动，你们的行动会变成你们教育孩子的习惯；

请注意你们教育孩子的习惯，你们教育孩子的习惯会变成孩子的命运！

考虑一下，目前你的行为中有哪些是应该坚持的，哪些是应该改正的?

相关链接：

原谅[①]

董进宇博士

孩子
原谅我把你带到了这个世界
却没能给你真正的爱
因为我误把爱的方式当成了爱
我用冷漠与无情
把你年幼的生命抛进了爱的沙漠

孩子
原谅我的冷酷和自私
曾经把无助的你丢给电视和别人
而我却沉溺在无意义的应酬和无聊的娱乐之中
我在事业的高尚名义下
让初到这个陌生世界的你遭受无边的孤独和恐惧

孩子
原谅我的无知和愚蠢
曾经那么粗暴地打骂你
而我还理直气壮地认为都是为你好
我在爱的美丽旗帜下
残酷地摧毁了你娇嫩的生命花蕾

① 董进宇．培育优秀子女的规律 [M]. 北京：中国妇女出版社，2006.

孩子
原谅我的私心和专横
曾经那么不通情理地逼你学习
让最美好的学习留给你的全是痛苦的记忆
我用自己未完成的理想和虚荣
剥夺了你童年的欢乐压垮了你柔弱的臂膀

孩子
原谅我的任性和顽固
在你哀求的目光下我仍不肯做出改变
因为我把过时的教育理念当成了真理
我固执地用拙劣的教育方法
让你幼小的心灵经受了那么多的苦难和屈辱

孩子
原谅我的一切过错吧
因为那些都不是我的初衷和心愿
在我痛苦的胸膛中始终跳动着一颗爱你的心
为了你为了你的未来我必须学习改变和成长
今后我要用行动来让你知道我是多么地爱你

第2堂课 我家有个小神童

开发孩子的潜力要讲究方法，要充分调动孩子的求知欲望，使孩子在玩中学习，在学习中玩，始终保持一种轻松的心情。儿童各种能力的发展有特定的时期，在适宜的年龄时期内有意识地开发相应的能力，对孩子的发展有极大的促进作用。

现实案例：

“要让孩子赢在起跑线上，绝不能让孩子输在起跑线上！”是晓慧父母最重要的教子观。晓慧的父母在晓慧还没有出生的时候就让她每天听英语了，这就是所谓的0岁计划——胎教，晓慧的父母真可谓用心良苦啊。在晓慧3岁的生日时，父母送给她的礼物是一套精美的儿童学习用书。现在晓慧4岁了，父母又替她报了一个儿童双语班，因为父母希望她成为一名优秀的外交官，当然需要有一口流利的英语了。与同龄孩子比起来，晓慧的确是个非常聪明伶俐的孩子，学什么都非常快，一学就会。到了要上幼儿园的时候了，晓慧父母更是花了很大的力气，让她进一家口碑很好的“著名”幼儿园。可是晓慧只上几天之后，她就怎么也不愿去了。后来晓慧的父母才知道，因为幼儿园里在用小学低年级的课本，提前教孩子读、背、写、算。晓慧对此十分反感：“为什么我一定要学这些东西？爸爸妈妈，我是不是可以不学这些东西？学这些太没有意思了！”

你家的孩子是否有类似的情况呢？

____

____

____

____

各路观点：

潘妈妈说：“我周围的一些父母亲都是这样在做的，在孩子很早的时候就给孩子学这学那的。我们的宝宝当然也不能落后了。不能让孩子输在起跑线上啊！”“现在哪家孩子不会一种特长啊，我准备让我儿子多学一样。”一位陈妈妈是这么说的。还有一些家长都表示，家长之间经常比较谁的孩子会背的诗多，会念的字多，会不会说英语，等等，要是什么都不会，在别人面前多丢人。

但也有一个家长说，“你看著名物理科学家爱因斯坦小时候不是也很笨嘛？著名生物学家达尔文小时候不是也不被老师看好嘛？所以说智力这种东西还是遗传的比较多。到时候自然会显露出自己的本事来。再说了，如今这个社会，单靠聪明也没多大用！单靠学死的知识也不行，还要靠能力，靠人脉。”

你认为谁的说法是对的？你又是怎么认为的呢？

____

____

____

____

科学理论：

著名的发展心理学家皮亚杰将儿童从出生后到15岁智力的发展划分为四个发展阶段。

一、感知运动阶段（出生~2岁）

孩子从出生至2岁左右，是智力发展的感知运动阶段。在这个阶段的初期即新生儿时期，婴儿所能做的只是为数不多的反射性动作，如吮吸、啼哭。通过与周围环境的感觉运动接触，也就是说，婴儿仅靠感觉和知觉动作的手段来适应外部环境。从刚出生时婴儿仅有的诸如吸吮、哭叫、视听等反射性动作开始，随着大脑及身体各器官的成熟，在与环境的相互作用中，到这个阶段结束的时候，婴儿渐渐形成了随意有组织的活动。

感知运动阶段包括六个分阶段：

第一分阶段（出生~1个月）即反射练习期：孩子出生后，以先天的无条件反射适应外界环境，并且通过反射练习使先天的反射结构更加巩固，比如说使吮吸奶头的动作变得更有把握，还扩展了原先的反射，比如说从本能的吸吮奶头扩展到吸吮拇指、玩具，在东西未接触到嘴时就作吸吮动作等。这一阶段称为反射练习期。

第二分阶段（1~4、5月）即习惯动作时期：在先天反射的基础上，儿童通过整合作用，把个别的动作连接起来，形成了一些新的习惯，如寻找声源如妈妈的声音或电视里发出的声音，用眼睛追随运动的物体，如在其眼前晃动的彩球。这一阶段称为习惯动作时期。

第三分阶段（4、5~9个月）即有目的动作形成时期：儿童在视觉与抓握动作之间形成了协调，能用手摸、摆弄周围的物体。活动不再限于人自身，开始涉及对事物的影响，物体受到影响后又反过来进一步引起孩子对它的动作。即孩子与物体之间通过动作和动作结果造成的影响发生了循环关系，最后渐渐使动作（手段）与动作结果（目的）产生分化，出现了为达到某一目的而行使的动作，如孩子看到一个能发出声响的铃铛在自己前面，就会伸手去拿，这个分阶段称有目的动作形成时期。

第四分阶段（9~11、12个月）即手段与目的的分化和协调期：目的与手段已经分化，智慧动作出现。一些动作格式被当作目的，另一些动作格式则被当作手段使用。儿童能运用不同的动作格式来对付新遇到的事物，如用抓、推、敲、打等多种动作。但该阶段儿童只会运用已有的行动格式，还不会创造或发现新的动作顺应世界。此阶段称为手段与目的的分化并协调期。在感知运动阶段的这个分阶段，儿童智力的成长突出地表现在逐渐形成物体永久性的意识。所谓物体永久性的意识就是指：当一个物体（如爸爸妈妈、玩具）在婴儿面前的时候，婴儿知道这个人或物，而当这个物体不在其眼前的时候，他能认识到此物尽管当前摸不着、看不见也听不到，但仍然是存在的。例如爸爸妈妈离开了，但婴儿相信他们还会出现，被大人藏起的玩具还在什么地方，翻开被子，打开抽屉，还应该可以找得到。

第五分阶段（1~1.5岁）即尝试错误期：通过加入新的动作成分之后的尝试错误，第一次有目的的通过调节来解决新问题，如孩子拿不到放在桌子的东西，会知道爬上凳子去拿。但是，这时的儿童还没有形成沿着一定的方向，有目的地去构成新方法的能力，新方法的发现纯属尝试中的偶然，如儿童拿着电视摇控板乱按，偶然对着电视按到了开关键，把电视打开了。此阶段被称为“尝试错误期”。

第六分阶段（1.5~2岁）即模仿形成期：显著特征是儿童除了用身体和外部动作来寻找新方法外，开始在头脑里用“内部联合”方式解决新问题。如一个2岁的孩子看到妈妈一看书时就戴上眼镜，一天，他趁妈妈把眼镜放在茶几上的时候，悄悄拿来一本书，并戴上妈妈的眼镜开始“读书”。这是好些孩子都做过的事情。运用表象模仿别人发生过的行为来解决眼前的问题，标志着感知动作期的结束，新阶段的开始。这个阶段被称为模仿期。

二、前运算阶段（2~7岁）

与感知运动阶段相比，前运算阶段儿童的智慧在质的方面有了新的飞跃。到前运算阶段，物体永久性的意识得到了巩固，动作大量内化。随着语言的快速发展及初步完善，儿童频繁地借助语言符号与象征符号代替外界事物，重视外部活动。

在前运算阶段，儿童动作内化具有重要意义。为说明什么是儿童动作的内化，皮亚杰举过一个例子：有一次，皮亚杰带着3岁的女儿去探望一个朋友，皮亚杰的这位朋友家也有一个1岁多的小男孩，正放在婴儿围栏中独自玩耍，玩耍过程中婴儿突然跌倒在地，紧接着便愤怒而大声地哭叫起来。当时皮亚杰的女儿惊奇地看到这情景，口中喃喃有声。三天后在自己的家中，皮亚杰发现3岁的小姑娘似乎照着那1岁多小男孩的模样，重复地跌倒了几次，但她没有因跌倒而愤怒啼哭，而是咯咯发笑，以一种愉快的心境亲身体验着她在三天前所见过的“游戏”的乐趣。皮亚杰指出，三天前那个小男孩跌倒的动作显然早已经内化于女儿的头脑中去了。内化的产生是儿童智力的重大进步。

这个阶段产生的一个重要标志是儿童开始运用象征符号。例如，在游戏的时候，儿童用小木凳当汽车开来开去，用竹竿当做马骑来骑去，木凳和竹竿是符号，而汽车和马则是木凳和竹竿符号所象征的东西。即儿童已能够将这二者联系起来，凭着符号对客观事物加以象征化。客观事物的分化，皮亚杰认为就是思维的发生，同时意味着儿童的符号系统开始形成了。语言实质上也是一种社会生活中产生并约定的象征符号。但这时期的儿童语词只是语言符号附加上一些具体词缺少一般性的概念，因而儿童常把某种个别现象生搬硬套到另一种现象之上，他们只能作特殊到特殊的传导推断，而不能从一般到特殊的推理。从这个时期儿童常犯的一些错误可以看出这点。例如，儿童认识了牛，他也注意到牛是有四条腿的大动物，并且儿童已掌握“牛”。又如儿童看到别人有一顶与他同样的帽子，他会认为这帽子是我的。他们在房间看到一轮明月，而一会儿之后在马路上看到被云雾遮掩的月亮，便会认为天上有两个月亮。

但在此阶段儿童的思维仍然缺乏守恒性。下面举一个例子：一位父亲拿来两瓶可口可乐（这两瓶可口可乐瓶的大小形状一样，里面装的饮料也是等量），准备分别给他一个6岁和一个8岁的孩子，开始两孩子都知道两瓶中的饮料是一样多的。但父亲并没有直接将两瓶可乐饮料分配给孩子，而是将其中一瓶倒入了一个大杯中，另一瓶倒入了两个小杯中，再让两个孩子挑选。6岁孩子先挑，他首先挑选了一大杯而放弃两小杯，可是当他拿起大杯看着两个小杯，又似乎犹豫起来，于是放下大杯又来到两小杯前，仍是拿不定主意，最后他还是拿了一大杯，并喃喃地说："还是这杯多一点"。这个6岁的孩子在挑选饮料时表现出了犹豫，最后才有点肯定地选择了大杯）。在6岁孩子来回走动着挑选量较多的饮料时，他那8岁的哥哥却在一旁不耐烦而鄙薄地叫道："笨蛋，两边是一样多的。""如果你把可乐倒回瓶中，你就会知道两边是一样多的"，他甚至还亲自示范了将饮料倒回瓶中以显示其正确性。从这个6岁孩子身上可以看到缺乏守恒这个显著特点。这也是孩子以知觉到的形象作为思维依据的表现。往往只注意到事物的某种显著特征，而看不到事物同时变化的若干维度，往往只注重结果、状态，而不关注变化的过程，弟弟的思维只是反映了静止状态。

这个阶段的孩子自我中心意识比较突出。指儿童从自己的角度出发看待整个世界，不知道可以变换角度或者意识到他人有不同的观点。意味着对认识世界的相对性和协调观点缺乏理解；不自觉地将自我的品质和看法强加于事物和他人的立场。比如说，实验者从 A、B、C、D 四个角度拍摄照片。孩子站在上述四位置之一。给他看拍摄照片，要求其挑选出对面位置上的人所看到的是哪张照片。

三、具体运算阶段（7~11岁）

这个阶段的儿童已经可以在具体事务的帮助下解决问题。比如：爱迪丝的头发比苏珊淡些，爱迪丝的头发比莉莎黑些，问儿童："三个中谁的头发最黑"。这个问题如果是以语言的形式出现，则具体运算阶段儿童难以正确回答。但如果拿来三个头发黑白程度不同的布娃，分别命名为爱迪丝、苏珊和莉莎，按题目的顺序两两拿出来给儿童看，儿童看过之后，提问者再将布娃娃收藏起来，再让儿童说谁的头发最黑，他们会毫无困难地指出苏珊的头发最黑。

具体运算阶段儿童智慧发展的最重要表现是获得了守恒性和可逆性的概念。守恒的意思是指物体的形式（主要是外部特征）起了变化，但个体认识到物体的量（或内部性质）并未改变。

守恒性包括有数量守恒、质量守恒、重量守性、对应量守恒、面积守恒、体积守恒、长度守恒等等。具体运算阶段儿童并不是同时获得这些守恒的，而是随着年龄的增长，先是在6~7岁获得数目守恒（即空间距离改变，数目保持不变）概念，在7-8岁获得质量守恒（不管橡皮泥形状怎样改变，它们仍是一样的质量）和长度守恒概念（不管一根线段或棒在形状或空间安排上有何变化，长度保持不变），8~9岁获得面积守恒概念（不管橡皮泥形状怎么改变，它们仍是一样大），9~10岁获得重量守恒概念（不管形状如何改变，物体的重量保持不变），11~12岁获得体积守恒概念（不管放入水中的东西形状如何改变，杯中水的体积不变）。皮亚杰确定质量守恒概念达到时作为儿童具体运算阶段的开始，而将体积守恒达到时作为具体运算阶段的终结或下一个运算阶段（形式运算阶段）的开始。这种守恒概念获得的顺序在许多国家对儿童进行的反复实验中都得到了验证，几乎完全没有例外。

四、形式运算阶段（12 ~ 15岁）

这个阶段是儿童的思维达到成人思维水平的准备阶段。这个阶段的儿童与具体运算阶段的儿童不同，儿童思维摆脱具体事物的束缚，把内容和形式区分开来，此时他们不是对现实的事物进行思考，而是在大脑中建立各种可能性从而进行各种思考，即能够提出和检验假设，可以想象尚未成为现实的种种可能，相信演绎得出的结论，使认识指向未来，能进行抽象思维和系统思维。所以我们可以看到在小学出现应用题这种类型正是这个阶段。

经过上述四个阶段，儿童的智力基本达到了成熟。

你的孩子正处于上面所说理论的哪一个阶段呢？有哪些特征呢？

专家点评：

有些家长片面理解早期教育，他们以为多教孩子认字、会读一些英语单词、会背一些诗、会数数、会做算术题等等，就是在进行早期教育，以此作为衡量孩子是否聪明的标准。案例中的晓慧父母就是这样理解的。父母让晓慧未出生时就开始“学”英语，3岁生日给她买的不是玩具，实际上，这是混淆了智力和知识的区别，这样是不能找到促进孩子智力发展的正确方法的。家长的用心是好的，但是，其做法却不一定有利于孩子的智力发展。这是对早期教育含义的曲解，即把知识和智力划了等号。

其实，智力不等于知识。那么究竟什么是智力呢？粗浅地说，就是记忆力、注意力、观察力、联想和想像力、创造力、思维能力和操作能力等心理特点的总和，即人们不断获得新知识和解决实际问题的心理活动条件。智力的核心是抽象思维能力。对于这种能力，人们往往把它看得十分神秘。其实不然，通俗地说，抽象思维能力就是间接认识事物某种属性的能力。不是一眼看穿，而是运用已知判断进行推理的能力。知识则是人类对事物及其规律的认识，是我们用来发展抽象思维能力的基础，是发展全部智力和才能的“营养料”。学习知识和发展智力是相互联系的。但是，知识和智力不完全是一回事。我们看到有的孩子学习了一些知识，但是智力并不一定得到发展或发展很好。同一年龄的孩子在一起学习，有的学得快，有的学得慢。许多人都知道木船载重下沉的深度标志着载重量，但不一定都能想出“曹冲称象”的办法。

研究表明，儿童5岁时大脑的重量已经达到成人的90%，5岁以前是智力发展最快的时期。6 ~ 7岁后，脑细胞分裂变缓慢，记忆力就会减退。因此，孩子的智力开发不能太晚，不能浪费孩子的智力。

心理学家经过研究认为：儿童有潜在的学习能力，这种潜在能力是与时间呈递减规律发展的。例如，婴儿生下来是100分，如果一开始就教育，其他一切条件也很理想，他就可能获得100分的能力。如果从5岁开始教育，最多只能得80分的能力，如果从8岁开始教育，只能获得60分的能力。

儿童受教育越晚，影响学习能力越大。

当然开发孩子的潜力要讲究方法，不是硬性规定要达到什么目标。要充分调动孩子的求知欲望，使孩子在玩中学习，在学习中玩，始终保持一种轻松的心情。儿童各种能力的发展有特定的时期，在适宜的年龄时期内有意识地开发相应的能力，对孩子的发展有极大的促进作用，错过了相应的发展时期，再进行弥补是很困难的。可是，很多父母对这些尚不了解，使孩子的一些能力没有得到及时开发。

6岁以内的小孩子的心理特点，就是机械记忆的能力强，尤其像小和尚念经一样总是既容易记忆，又容易遗忘。人们总是认为孩子的机械记忆力很强，因而就想从他们的机械记忆力上多“榨取”一些油水。这是单纯看到孩子记忆快的一面，而没有看到也容易忘记的一面。所以，就是让孩子记一些东西，也要根据遗忘规律及时而反复地复习巩固。

从人的一生所掌握的知识量来看，幼儿期所掌握的知识是微不足道的。但是，幼儿时期特别是5岁以前，是智力发展最迅速最关键的好时期，是奠定人的一生智力发展的基础。因此，我们要把智力教育的重点放在促进幼儿的智力发展上，要让他们多看——学会观察；多听——学会倾听；多想——学会思考；多说——学会表达；多做——学会动手做事，而不是要让他们死记硬背那些难以理解的东西。

过早地灌输过多的知识还会带来一些不良后果。因为，如果从小就迫使孩子死记硬背，可能养成一个大的毛病：孩子进入小学之后，碰到稍微难懂一些的原理原则，他就死记硬背一通。这时，他可能养成一种“习惯性”的智力活动方法——死记硬背，知难而背，而不是知难而想。不懂的也不问，更不会思维，不会观察。所以，我们说开发智力并不是让孩子死记硬背，而是开发和养成正确的思维方法。

开发孩子的智力，就是要全面地发展儿童的注意力、观察能力、想像能力、语言和思维能力、记忆能力以及操作动手能力。这样做，不但必要而且能收到很好的效果。如果忽视观察能力的发展，遇到事情单看热闹或对事物的联系“视若无睹”，则思维能力必然也发展不了。如果忽视孩子思维能力和语言的发展，单纯地使用记忆能力来学习文化，则势必造成儿童只会机械记忆，不会用意义记忆和理解记忆的能力。

同时幼儿的智力活动必须与肢体活动结合起来，以形象思维为基础发展抽象思维能力。比如加减法的学习，可以让孩子以吃饼干的方式来学习，等等。另外玩耍也是一种非常重要的益智活动，不可偏废。在玩中学，在学中玩，才会有好的效果。

所以说，早教是一项重要而艰巨的课程，需要妈妈们更多的学习和探讨。

考虑一下，目前你的行为中有哪些是应该坚持的，哪些是应该改正的？

相关链接：

13岁“小不点”进北大的秘诀①

2004年春节期间，湖北武汉市华中师范大学一附中高三（18）班学生鲍宇阳获得了北京大学保送生资格，年仅13岁的鲍宇阳因此成为近年来北京大学录取的保送生中年龄最小的一位。

鲍宇阳曾用4年时间读完小学课程，初中刚读了1年便直接跳级上了高中。高中期间，他获得了全国高中数学联赛湖北赛区一等奖、化学一等奖等众

① 十三岁少年进北大 [J]. 闽北日报，2004-3-19.

多引人注目的奖项。鲍宇阳的班主任兼数学老师叶新年在给北京大学的推荐书中这样写道：鲍宇阳在数学、化学等理科学科上有超常能力，被师生们称为“天才”和“怪才”……

他成父母教育的“试金石”

1990年10月17日，鲍宇阳出生在湖北武汉，鲍宇阳的父亲鲍良言是华中师范大学的化学教师，母亲也在华中师大工作。鲍宇阳出生时，父亲鲍良言已经40岁了。中年得子，父母自然特别偏爱。

鲍宇阳出生后一周，父亲鲍良言便伸出一个手指逗他玩。让鲍良言没有想到的是，自己刚伸出手指，小宇阳也跟着伸出一个手指来。父亲鲍良言立即意识到，应该把握住这样的机会，给孩子一些信息刺激，这样会对孩子今后的成长有一定好处。

由于父母都是搞教育的，多年的教育经验使他们从小便开始根据孩子的天性和特点进行早期教育。在小宇阳还不会走路时，父亲鲍良言便经常抱着他到电冰箱前认冰箱上的“中国制造”等汉字。几天之后，当父亲在跟人闲聊时无意中提到“中国”时，小宇阳竟出人意料地把小手指指向了一旁的电冰箱。鲍良言的心里突然激动起来，急切地给妻子打电话：“咱宇阳开始知道认字了！”从此，鲍良言和妻子便开始教小宇阳认字。鲍良言有练习书法的习惯，每次练字时就带着小宇阳，自己练一个字念一个字。没料，一个字认过几遍，小宇阳就给记住了。在父母的努力下，到1岁时，鲍宇阳已经能够认识200多个汉字了。

转眼之间，小宇阳开始上幼儿园了。由于怕孩子识字枯燥产生厌倦，父亲鲍良言在每天接送小宇阳的路上，开始教他识别各种颜色。在父亲的努力下，小宇阳刚2岁时，已经能分辨出赤橙黄绿等各种颜色了。而当长到3岁时，鲍宇阳的识字量则已经突破2000个了。

从此，只要小宇阳感兴趣的，父亲鲍良言都会教他。在日常生活中，许多地方会遇到数学问题，见到豆子、苹果、饼子，父亲会教他什么叫三分之一，什么叫二分之一。甚至连普通的火柴棍，父亲也不放过，把它们分成几堆，给孩子演绎出许多数学方面的知识。“一张方形纸剪去一个角还剩几个角”4岁的宇阳对面这个趣味数学题，拿着一张纸玩了老半天。最后，他告诉爸爸：“3

个角或5个角。”父亲鲍良言看到与标准答案一致，就表扬了他。没想到在这天晚上，小宇阳突然找到爸爸说，还有一种情形下会剩下4个角。鲍良言按照孩子的做法一试，发现确实还有第三种答案。鲍良言惊讶了。就是在这个时候，鲍良言和妻子开始发现自己的孩子逻辑思维能力强，有一定天赋。他们也开始酝酿着怎样把要孩子学转变为孩子要学。

“做任何事都不能分神”

4岁时，鲍宇阳便在父母的带领下进入图书馆，他凭借自己所认识的两三千个汉字开始阅读各种书籍。当遇到不认识的汉字和不理解的词语，他则会立即记下来向爸妈请教。这时，父母立即想到了要教会孩子查阅汉语字典。当鲍良言第一次指导小宇阳翻汉语字典时，小宇阳一下子翻出了那么多个同音字，竟兴奋得手舞足蹈起来。

小宇阳5岁时，父亲鲍良言要求他背诵1到50的平方表，而小宇阳仅仅花了两天时间就给全部记住了。

为了教好孩子，鲍良言非常注重细节：他指导孩子看《科技之光》之类的电视科普节目。但在吃饭时绝不让孩子看电视，为的是不让孩子分神。“做任何事都不能分神，就连玩也一样。”这是鲍父经常教导孩子的一句话。因此，小宇阳从小便养成了做事认真专注的习惯。在学习中，鲍良言从不逼迫孩子。他认为，让孩子主动去学习才是开发智力的最佳境界。1995年，5岁的鲍宇阳进入了华中师大附属小学上小学。此时，他已经能够认识几千个汉字了。由于鲍宇阳对知识的接受能力很强，成绩优秀，在父亲鲍良言的要求下，鲍宇阳开始连续跳级。小学一年级下学期时，6岁的小宇阳开始跳到二年级下学期学习了；到了三年级，小宇阳又出人意料地获得了年级数学竞赛的第一名。这样，鲍宇阳又从三年级直接跳到了五年级。因为跳级，鲍宇阳有许多知识没学过，可他却在父亲的指导下坚持不懈地进行自学，很快赶上老师上课的进度，而且总是成绩优秀。

读1年初中直升高中

小学毕业后，鲍宇阳考取了武汉市有名的武珞路中学。一进入武珞路中学以后，数学老师很快发现，鲍宇阳在初中学习过程中，已经达到了高中三年级乃至大学一年级的数学基本知识水平。随后，其他理科老师也发现，鲍宇阳的逻辑思维能力特别强，反应非常快，很有天赋。鲍宇阳上初中后，他的同班同学大都大他五六岁。而那些当初把鲍宇阳当作弟弟玩耍的初中同学，很快发现这位个头不高的小弟弟在学习能力上明显高出自己一头。

上初中后，鲍宇阳比较随性而发，离开课堂就表现出他这个年纪的孩子的正常状态，比如好奇、好玩，对小动物、花草感兴趣。放学后很贪玩。鲍宇阳比较活跃，经常在教室内大笑、尖叫。有时候，他解不出题时，也会很伤心地哭鼻子。这个时候，老师才感觉到，鲍宇阳其实还是一个任性的小孩子。

鲍宇阳的语文一直很差，需要人生阅历和人文积累的作文对他似乎是永远的难题，他从来都跟不上同学们的作文。尽管语文和外语有些差，可鲍宇阳的数理化却相当出类拔萃。2001年9月，在初中只读了一年时间后，10岁的鲍宇阳又开始第三次跳级。他被华中师范大学附属一中高中理科试验班破格录取了。而此时，鲍宇阳的同龄人却很多都还在上小学四年级。

鲍宇阳所在的理科实验班共有37名学生，这些学生往往比鲍宇阳要高出头，他在其中活像一个小不点。因此，鲍宇阳总是坐在教室的最前排。上课时，他总是很认真，时不时提出疑问，有时老师无意说错了一个数字，别的同学还没有发觉，他已经叫了起来："老师你讲错了……"

鲍宇阳是一个非常喜欢思考的孩子，他时常一个人在教室内走来走去，沉默无语，别人叫他他也不理，甚至吃饭时都在思考，校园内经常见到他端着饭碗，低着头若有所思的趣景。鲍宇阳看书、做题时更是专注，外界环境根本影响不了他，同学和老师时常看到他在草稿纸上乱写乱画，画得一塌糊涂。别人根本看不懂他画的什么，但这其实是他思考的最佳状态。

北大看中13岁的"小不点"

2002年，12岁的鲍宇阳在全国高中数学联赛湖北赛区的比赛中以优异成绩获得了三等奖。其后不久，他又获得了全国高中化学竞赛二等奖。

鲍宇阳对数字特别敏感，对很多数学题的性质判断，其他同学需要笔算才能完成，而他却能脱口而出。鲍宇阳主要在老师的指导下自学。他的记忆力格外好，做题前先看题集，将题目内容记在脑中，然后抛开书在草稿纸上径直思索答题。最多的一次能记住30道奥赛题。这种做题方式令不少人惊讶。数学老师叶新年在指导中发现，鲍宇阳一天能够解出25道数学奥林匹克竞赛题来，而且每道题都是完全正确的。要知道每道题的题量至少相当于一篇论文，学校的许多老师都觉得太不可思议了。

2003年11月30日，北京大学招办负责人在华中师大一附中举行的招生咨询会上对鲍宇阳产生了浓厚的兴趣。咨询会一结束，这位负责人便专门与鲍宇阳单独进行了交流。通过交流，北京大学招办负责人很快便喜欢上了13岁的鲍宇阳，亲切地称他为“小不点”。鲍宇阳最终作为特殊情况被北京大学数学学院录取了。2004年春节期间，当许多同学都还忙着准备来年的高考时，13岁的鲍宇阳收到了北京大学的录取通知书。

加紧生活自理能力的训练

由于北京大学没有少年班，在生活等方面没有特殊的照顾，鲍宇阳只能跟比他大很多岁的大学生一起生活和学习。眼看着13岁的儿子即将远赴外地求学，鲍宇阳的父母于是忙碌开了。父母随即开始有意识地训练鲍宇阳的生活自理能力：做饭、刷碗、洗衣服、收拾房间……一时成了鲍宇阳的必修课。由于以前语文不太好，作文能力差，怕上大学后跟不上，父亲又专门跑到图书馆借来了一大堆中外名著叫儿子阅读。由于鲍宇阳以前跟陌生人在沟通上存在困难，父母没事时便经常带着他参加各种社会活动。鲍宇阳说，经过几个月的训练，到2004年秋前往北京大学上学时，他相信自己会很快适应大学生活的……

第3堂课 咱也请个家教?

孩子的学习态度、学习策略、学习坚持性、学习兴趣等一些非智力因素均能影响其学业成绩。就智力因素和非智力因素两者比较而言，前者比较稳定，后者比较变化无常。孩子成绩突然下降，直接的和主要的原因往往不在智力因素，而在非智力因素。

现实案例:

妈妈:看，孩子这次考试成绩又下降了。

爸爸:给孩子请个家教吧。

孩子:对，给我请个家教吧。很多同学都有家教呢。

孩子成绩下降确实是一件让家长比较担心的事情。为了扭转这种局面，现代大中城市的家长们便越来越把希望寄托在聘请家庭教师方面。充任家庭教师的大多是一些高等院校的大学生，也有少数是学校的教师。

你家的孩子是否有类似的情况呢?

各路观点：

“我们从初一开始就给孩子请了家教，至今已经有2年多。因为一直是同一个大学生家教老师，他对孩子的学习已经了如指掌，给出了很多中肯的意见。孩子现在成绩稳步提升，都是家教帮的忙。”王妈妈这样说，自己和丈夫都忙于工作，根本没有足够的时间来辅导孩子，而且对于现在教学的重点也把握不住，还不如请个大学生家教全身心地帮助孩子。而且他和孩子年龄相近，比较容易沟通，除了学习之外，还可以在各个方面帮助孩子成长。现在他们都成了好朋友了。

除了基础文化课外，特长家教也特别时兴。刘太太就为一年级的女儿请了一个古筝家教。“也不奢求孩子在艺术上有多大造诣，只想让孩子多学点东西，陶冶一下艺术情操。未来的社会竞争太激烈了，现在多投入一点，多为孩子做点准备，孩子总能更优秀一点。”

“现在孩子都是独生子女，没有玩伴，而且喜欢与电视为伴，不喜欢户外活动，男孩子有些缺乏阳刚之气，所以我在儿子上小学三年级的时候，就找了儿子的三个同学，为他们四个孩子请了一个学体育的大学生做他们的家教，从周一至周五，每天下午四点半到五点半，家教老师带他们在操场上打球，跑步、跳远、做游戏……一直坚持了三年，孩子们非常高兴，很喜欢这样的家教。其实身体健康，充满活力对孩子来说有时比成绩更加重要。”陆妈妈表达了自己的观点。

当然也存在不同的意见。“现在孩子的学习压力本来就很大了，学习时间也已经够长，回家时都希望可以适时放松一下。如果家长硬要再请家教补习，是否管用还是个值得商榷的问题。”赵妈妈说：“儿子刚念高中时也请过一个家教，想让儿子更快适应高中课程，而且很多同事都给小孩请了，自己不请心里总是不平衡。”可有了家教后，一向成绩不错的儿子没有了以前的勤奋劲，成绩也下降了不少。“和儿子聊天之后才知道，孩子觉得我们是对他的能力不相信才请的家教，所以产生了自卑和逆反心理。”

沈爸爸反对请家教："家教让孩子产生了依赖感，觉得课堂学不好也无所谓，反正回家还有人教。最近学校老师就反映孩子老在课堂上开小差。如果孩子现有的学习资源已经够了，再投入可能会过犹不及，反而成了无谓的浪费。"

你认为谁的说法是对的？你又是怎么认为的呢？

科学理论：

心理学家卡特尔将智力分为了流体智力和晶体智力。流体智力是指与基本心理过程有关的能力，比如知觉能力、记忆能力、运算速度、推理能力等。它是随神经系统的成熟而提高的，但是知觉速度，机械记忆，识别图形关系等不受教育与文化影响，所以流体智力随年龄的老化而减退。

晶体智力主要指后天学会的技能，是通过掌握社会文化经验而获得的智力。如对词汇概念的掌握，对言语的理解，对常识的掌握等能力，一直保持相对稳定。表达能力、写作能力、思考能力都是晶体智力，不随年龄的增长而减退，只是某些技能在新的社会条件下变得无用了而已。

后来，哈佛大学教授、发展心理学家加德纳提出了"多元智力理论"。加德纳的多元智力理论包括八种相对独立的智力：言语—语言智力、音乐—节奏智力、逻辑—数理智力、视觉—空间智力、身体—运动智力、自知—自省智力和人际关系智力、自然智力。

言语—语言智力：运用语言达到各种目的如交往、表达思想的能力，对声音、韵律、语意、语序和灵活操纵语言的敏感能力，包括听说读写的能力，一般说来，诗人、记者、编辑、演讲家和政治领袖需要有很好的语言运用能力。

音乐—节奏智力：感受、辨别、记忆、理解、评价、改变和表达音乐的能力，作曲家、指挥家、歌唱家、演奏家、乐器制造者和乐器调音乐师需要具备很好的音乐—节奏智力。

逻辑—数理智力：运算和推理等科学或数学的一般能力，以及处理较长推理、识别秩序、发现模型和建立因果模型的能力，数学家、科学家、律师、侦探、工程师等需要具备很强的逻辑—数理智力。

视觉—空间智力：准确感受视觉—空间世界的能力，包括感受、辨别、记忆、再造、转换以及修改物体的空间关系，并借此表达思想和情感的能力。画家、雕刻家、建筑师、航海家、博物学家和军事战略家需要具备很好的视觉—空间智力。

身体—运动智力：控制自己身体和技术性地处理目标的能力，运动员、舞蹈家、外科医生、赛车手和发明家需要具备很好的身体—运动智力。

自知—自省智力：认识、洞察和反省自身的能力，并在正确的自我意识和自我评价的基础上形成自尊、自律和自制的能力。

人际关系智力：与人相处和交往的能力，表现为觉察体验他人情绪、情感、气质、意图和需求的能力并据此做出适当反应的能力，教师、律师、推销员、临床治疗学家、公关人员、谈话节目主持人、管理者和政治家需要具备很强的人际关系智力。

自然智力：认识物质世界的相似性和差异性的能力，对动物、植物和自然环境以及其他事物（如岩石、云彩等）认识的能力，猎人、农民、生物学家、人类学家或解剖学家需要具备很好的自然智力。

给你的孩子讲讲这个故事吧，看他的答案会是什么，请记下来：

____

____

____

____

____

专家点评：

家长们之所以这样做，是因为他们确信，孩子的成绩下降是由两个原因造成的，一是对课堂上教师讲的还没有理解掌握。二是孩子自己没有好好用功。他们认为，聘请了家庭教师不仅可以帮助孩子巩固理解和消化课堂上的东西，而且可以起到督促孩子的作用。有时孩子要请家庭教师的动机与家长的并不完全相同，一种是出于学习上的依赖心理，觉得在学校不认真学也没有关系，反正会有家庭教师帮忙的；另一种出于一种虚荣，比如上述案例中的小孩那样，跟爸妈说“给我请个家教吧，很多同学都有家教呢”就是很好的证明。

在考试竞争相当激烈的时代，家庭教师的出现不可避免。好的家庭教师在帮助孩子理解知识、掌握学习技能方面也确实能起一定作用。但是，把提高孩子学业成绩的希望都寄托在家庭教师身上则是片面的。首先，影响孩子学业成绩的因素是多种多样的，复杂的。孩子对知识本身的理解、消化不够只是其中的一个原因。孩子的学习态度、策略、意志、兴趣等一些非智力因素均能影响学业成绩。就智力因素和非智力因素两者比较来看，前者比较稳定，后者多有变化。孩子成绩的突然下降的直接和主要原因往往不在智力因素，而在非智力因素。非智力因素培养往往在于家庭和学校的环境，而不在于家庭教师的辅导。其次，请家教加重了孩子的学习负担，减轻了孩子的智力负担。学习负担加重的明显表现是学习时间的增加，孩子从早到晚每天要学习十几个小时，这于孩子的身心发育是绝对不利的，是类似于杀鸡取卵的做法。智力负担的减轻就表现在对家庭教师的依赖性上，读书、做题不愿意动脑筋，有困难不想办法克服，动不动就问，不愿意独立思考。

碰到孩子学业成绩不好或下降这种事情，家长最好不要忙于找个家教以求心安，而是要首先分析孩子成绩不好或下降的原因，以便对症下药。如果真是孩子学习基础不好，在课文或教材的理解方面跟不上，则可以考虑请个短期的家庭教师帮助孩子。但是要跟家教老师说明，孩子的哪方面不行，或同家教老师一起对孩子学业进行会谈。不能以简单的灌输、辅助做题为主。若是孩子的非智力因素有问题，比如说，学习态度不端正，学习兴趣不高，缺乏刻苦钻研的精神，家长则应与学校老师或班主任一起配合，帮助孩子提高自己的非智力因素的水平。有些时候，孩子某些科目学得不是太理想，有可能与孩子多元智力水平不平衡有关，如有的孩子语文好，数学不太好；有的孩子体育好，文化课不怎么样；也有孩子音乐方面不错，画画也好，但数学之类的课不太好……也有些时候，孩子学业成绩的下降是由于生理上的一些病变，家长对此要密切注意。若碰到孩子嚷嚷别的同学都有家庭教师而他也要一个的情况，则应考虑采用拒绝满足孩子的要求的办法。因为这时的孩子并不想从家庭教师那里学习到什么东西，而只是把有无家庭教师作为自己与其他同学进行攀比的一种资本。

值得一提的是，别把请家教仅仅跟补文化课连在一块儿；也别把请家教当作弥补自己没时间管教孩子的安慰剂；别因为别人都在请家教自己不请似乎对不起孩子而也请家教。请不请家教一定要看孩子的需要而定。

考虑一下，目前你的行为中有哪些是应该坚持的，哪些是应该改正的？

相关链接：

合格的就是好样的[①]

日本有个著名的教育家叫小林正一，孩子有什么疑问时他都耐心解答，这样他的孩子提问题的积极性越来越高，当孩子五岁的时候，他告诉孩子："孩子，你的问题爸爸也难以回答了。不过爸爸会送你去一个叫学校的地方，那里面有许多叫老师的人，他们会回答你的所有问题，快快长大吧，孩子。"

这样一来，小林正一的孩子就对学校充满了向往，巴不得早一点儿上学。我们的家长大都没有意识到培养孩子探索精神的重要性。当孩子缠着我们问各种各样问题的时候，我们高兴的时候就回答一下，不高兴的时候就会呵斥："去去去，烦不烦啦！再缠人就把你送学校去，让老师教训你！"等着瞧好了，孩子还没有上学就知道学校是座监狱，老师是那里的头，那他对上学还会有兴趣吗?

小小林正一上学的时候，有一次只考了76分，回到家里他说："爸爸，不好意思，我考了76分。"小林正一翘起大拇指说："好！真棒！你已经超出了我的预期值。"

孩子惊奇地问："我的同桌考了86分被他爸打得半死呢，你对我的期望值是几分呢？"

小林正一伸出手说："60。"

孩子更觉得奇怪了。

小林正一一本正经地说："60分已经是合格了。工厂里要是合格的产品就可以出卖了。再多花时间就是成本的浪费。"

他的孩子就高兴地说："60分太简单了，那我剩下的时间做什么呢？"

小林正一认真地对孩子说："爸爸送你四个字——博览群书。"

小林正一的孩子真这样做了。虽然他的成绩不是最好，但是成了学校里最有学问的人，同学们有什么疑难问题，都会找他帮忙。后来小小林正一也成了教育家。

---

① 播撒你我关爱，点亮孩子心灯——家长会讲话稿 [OL].http://blog.sina.com.cn/s/blog_5f5504ce0100da53.html.

第4堂课 玻璃孩子的明天

堆积物质的溺爱方式对孩子的生长极为不利。“真正幸福的人是因为他们过着一种平衡的生活”。在孩子经历挫折后，家长和老师应培养孩子从挫折中获得体验、获得幸福的能力，即所谓的“苦中求乐”。

现实案例：

小灵，今年9岁，她的长相和名字一样可爱动人，就读于某小学三年级。一个月前，学校向学生征集艺术节文艺汇演的节目，小灵和同班的小晶平日里都在同一所少儿艺校里学习声乐和舞蹈，她们自然都跃跃欲试，要各自准备最精彩的节目参演。自从开始准备节目以来，平时出双入对的小伙伴，变得越来越冷淡了，非要比个高低不可。班主任老师建议她们编排一个二重唱，可两个人却坚决不同意。

小灵精心准备了一个载歌载舞的节目，在家里暗暗排练了许多天，还向全家宣称一定要超过小晶的独舞。这下可苦了小灵的父母，不仅每天晚上要做陪练和观众，还要替她准备演出服装，录制配乐CD。妈妈无奈地说，谁让孩子这样要强，我们也只好乐此不疲了。

但是在汇演节目的最后一轮筛选中，小灵的节目落选了，而小晶表演的舞蹈却成功入围。晚会最后彩排的时候，小灵偷偷来到后台，拿了一把剪刀将小晶的表演服剪成一条条的碎布，被老师和同学制止后还哭闹不止，冲动地将其他同学的演出服和化妆品扔了一地，哭着跑回了家，坚决向父母提出，再也不去学校了。父母又是劝阻，又是“威逼利诱”，可是毫不见效。小灵甚至把自己的演出服、配乐 CD 全都破坏掉。父母实在无奈，就答应小灵想办法帮她转学。转学的事情，小灵虽然同意，但有个交换条件，那就是自己今后再也不去艺术学校学声乐和舞蹈了。

最近一周，小灵更是连自己的房门都不出，闷在家里，不吃饭，乱发脾气。爸爸工作忙无暇顾及小灵，妈妈实在无奈强迫小灵来接受心理辅导。这才上演了本文开头的一幕。

小灵妈妈说，孩子平时学习表现很好，就是太要强，事事都要争个第一，争不上，就几天闷闷不乐。在上小学二年级的时候，班里组织“西瓜灯”制作比赛。上菜市场精心选购西瓜并发挥丰富的想象力，又刻又画。抱着制作好的西瓜灯来到学校参赛。其他同学的作品也都富有创造性。最后的结果是她没有能够获得第一名。回家后就把西瓜灯摔碎在地，并难过得几天没有吃饭。

妈妈困惑不解，这本来积极上进、学习又好、长得漂亮的优秀女儿，为什么竟突然变得如此“可怕”？

你家的孩子是否有类似的情况呢？

____

____

____

____

各路观点：

家长谭先生：

现在城市里的孩子就是这样啦。我们小的时候，没有他们这样优越的物质生活条件，更没有他们这些问题。我看，就是吃的苦、受的累不够多。让孩子到农村去生活一段时间，就像我们当年“接受贫下中农再教育”一样。如果他们能体验到生活的艰辛，恐怕就绝不会再有这样的娇弱和骄傲之气了。

家长黄女士：

我觉得还不单单是一个吃苦的问题。我曾经送孩子去杭州参加一个训练，就是类似的“吃苦夏令营”。孩子当时是受了不少皮肉之苦，我看着都心疼。可是孩子就把这种训练当成是一种游戏，吃苦训练一结束，一切照旧。所以用古人的话讲“还要苦其心志”，要在平时培养孩子的心理承受能力。

家长宋先生：

我是搞教育的。我发现现在的孩子都是些“玻璃孩子”，稍微一碰就会碎掉似的，重话说不得，挫折受不得，严格的管教使不得。所谓的“玻璃孩子”就是因为家庭教育中，父母平时把孩子放在嘴里怕化了，捧在手里怕摔了，这只能使孩子过分依赖父母，使孩子的独立生活能力很差，遇到压力和挫折就无所适从。

某中学教师：

国外的学校教育就很重视对学生心理素质的培养，尤其是挫折耐受力。可是我们老师最头疼的是，学校里孩子一经历了挫折，有些家长就心疼得不行，甚至责怪老师。在学校里教师有意培养学生的心理适应能力和抗挫折能力，可是一回到家，家长的溺爱和过分保护，使学校的教育成果片刻就付诸东流了。所以我认为许多“玻璃孩子”是学校教育方法和家庭教育方法冲突的结果。

某小学教师：

我觉得学生的一些心理偏差比如任性、孤癖、胆怯等不是很严重的时候，不要任其发展下去，一定要及时地进行教育，甚至要专门接受心理辅导，否则也会使孩子成为“玻璃孩子”。

现在的孩子实在太娇气，批评也要讲求艺术，如果学生犯错了，只能转弯抹角地指出他们的缺点，最好还要先表扬一下，否则多数学生都会泪眼以对，甚至拒绝上学。而最为头疼的还是选班干部，每个孩子都想当干部，可是当了干部却尽量挑选容易做的事情，将困难留给其他的同学。

某教育理论资深女士：

现在教育孩子奉行温和主义，不要打，不要骂，要和风细雨地、百般耐心地讲道理，我并不太赞成，这样只能让孩子经受不起风雨，成为很容易碎裂的“玻璃孩子”。俗话说，“打是亲，骂是爱，不打不骂不成才”。有时真是这样，我最欣赏的一个故事“后母的三巴掌”，体现了“打”和“骂”在孩子成长的道路上，有时也不失为蕴含着父母真爱的有效的教育方式。这里不妨让各位家长和我一起来品尝一下这个故事带来的值得咀嚼的“美味”：

后母的三巴掌，成就一个人！

从6岁至今，跟后母一起生活了30年，烙在我骨血里磨不掉的是后母印在我屁股上的三巴掌。

第一巴掌是我8岁那年夏天，我同伙伴从卖甜瓜的老头儿筐里偷了一只甜瓜，跑回家躲在街门后头吃。

“哪来的？”后母看出不对劲儿了。

“偷的。”我还觉得挺得意，挺能耐。

“啪！”后母二话没说，把我拽过去照准屁股就是一巴掌，又响又干脆。疼得我腿肚儿直转筋，咧开嘴半天没能哭出声音来。

“做贼！与老鼠一个祖宗！恨死人！把瓜扔了！不许吃！给，给老头儿送钱去！”后母那严酷的表情是我从没见过的，我怕极了，不敢哭，接过两毛钱扔了瓜咧着嘴给卖瓜的送钱去。

从此，别人多稀罕的东西都没有动过我的心。

第二巴掌是我10岁那年。

要过年了，父亲交给后母一沓钱说：“准备过年，再给二小买几袋奶粉，别光喝炒面糊糊了。”二小是我刚出生的弟弟，后母没有奶水，老喂他炒面糊糊。

我看见后母将钱压在席底下。

“阿巧”，前邻居二奶奶一大清早叫开我家门，喘着粗气在院子里跟后母说话，“章媳妇要生孩子生不出来得送医院，你手头有钱不？”

“有。”我听见后母只说了一个字便往屋里跑。我赶紧把席底下的钱换了地方。

“嗯？”后母揭开席一怔。“兴许是他爹又换了地方了，你先送人上医院，我去找他爹，随后给你送去。200块整。”

二奶奶小跑走了。我神秘兮兮地把钱给后母看：“过年呢，不借给她。”

后母二话没说，一把把我从被窝里拽出来，照准屁股“啪”就是一巴掌，疼得我直蹦高，她却夺过钱跑出去了。

“小孩子家家的，不学理性，谁还能没个病灾的。等自己陷在坑里就找不着道儿了。”后母回来后并不哄我，还瞪着眼训我。

父亲知道了，说该把屁股打碎。

从此，“帮”字在我的理解里有了深刻而特殊的含义。

第三巴掌是我14岁那年。

我考上了县里的重点初中，但吃住自理家里负担不了。

“我不上了，帮娘喂猪吧。借钱求人多难。”我吃饭时说。

后母二话没说，把我揪起来照准屁股“啪”就是一巴掌。疼得直钻心，但我没有哭，因为我稍懂人事了，知道听后母巴掌后的教训才重要。

“一指头年纪，还没见事就先低头！抬起来！不念书，大了能中屁用！我去求人借，还用你费心！再有这想法眼睛抠出来喂猪！”

我哭了，不是因为屁股疼，而是在我理解后母一片心血之后感动得哭了。我在内心发誓：“等我会写文章时，一定先写后母。”

你认为谁的说法是对的？你又是怎么认为的呢？

科学理论：

观点一：遇到事情退缩、胆小，适应能力、应激能力差，这样发展下去在孩子的学习、生活，甚至长大以后适应社会方面都会产生问题。这可能对孩子的性格、心理方面产生影响。

观点二：国际心理学界流行一种“有十分幸福童年的人常有不幸的成年”的说法。这不是说让孩子童年都不幸福，而是说明，很少遭受挫折的孩子长大后会因为不适应激烈竞争和复杂多变的社会而深感痛苦。

观点三：应注重加强针对“玻璃孩子”的挫折教育。让孩子从内心寻找快乐的力量。孩子都是“趋乐避苦”的，大人也同样。但现实生活中，快乐和痛苦往往相随相伴。所以培养孩子面对挫折的心态最重要。

观点四：什么是孩子成人后印象最深刻的记忆？心理学家研究，令许多人感到出乎预料，不是那些所谓幸福和快乐的事件，而是一些日常的生活琐事和挫折，例如，爸爸在地板上与孩子打闹；或是他们所遇到的大大小小挫折。所以，美国学者研究，要培养出这种品质，父母应重视家庭中宽松的氛围，在父母把握一种大方向或原则下，尽可能给孩子更多的选择，而不应事事以自己的喜恶去强求一致。每一个父母都应清醒认识到他们不可能一辈子呵护孩子，孩子要到社会上摔打，建立广泛的人际关系，而这种关系是建立在子女与父母的人际关系以及父母与他人交往基础上的，待人诚恳宽容的父母对孩子有很好的影响。专家们都认为，良好的人际关系是战胜挫折的基础。

你的孩子是否曾经遇到过较大的困难，之后是怎么表现的呢？

专家点评：

人们已深刻认识到物质条件的优厚并不与孩子的心理健康和未来成功成正比。在适当的物质生活保证下，要教会孩子除了物质的享受外，还要懂得如何在内心创造一种快活的情绪。

一味满足孩子物质要求、堆积物质的溺爱方式对孩子的生长极为不利。卡尔·威特说："有些父母对孩子过于溺爱，把孩子视为宝贝，怕跌倒摔伤而不让孩子尽情地玩耍，没有机会锻炼身体。怕用坏脑子而不对孩子进行教育，不让孩子读书。这都是愚蠢的做法。这种做法只能使孩子成为一个什么都干不了的废人。"

一位为其孩子伤透脑筋的妈妈在束手无策的情况下，不得不去找教育专家寻求教育良方。专家问："你孩子第一次系鞋带时就打了个死结，你是不是从此就不给他买有鞋带的鞋子了？"这位妈妈点了点头。专家又问："你孩子第一次洗碗时弄得满厨房是水，你是不是不再让他走近洗碗池？"妈妈又点头称是。专家继续问："孩子第一次铺床笨手笨脚，用了一个多小时才勉强铺好。你是不是嫌他太笨拙，从此不再让他自己铺床？"这位妈妈吃惊地看着专家说："我就是这么做的，你怎么知道的？"专家说从那根鞋带知道的。这位妈妈向专家询问自己以后该怎么办。专家若有所思而有点遗憾地说："孩子生病你就带他去医院；孩子上中学、上大学、找工作，你最好绞尽脑汁运用各种关系；孩子没钱时，你给他送去；孩子结婚时，你为他准备好婚房；孩子生了孩子你帮他带。"

从这个故事中，我们可以看出，在孩子生长的道路上，可能存在着一个父母亲身为孩子挖掘的、十分隐蔽的温柔陷阱——溺爱。掉进溺爱这口陷阱里的孩子，在成长过程中，将失去许多成长机会，更为可怕的是，将带来终身无法弥补的遗憾。

父母对孩子溺爱意味着剥夺了孩子犯错误和改正错误的机会，还可能会养成逃避责任的坏习惯，更有可能形成孩子依赖而不独立、软弱而不自主的人格。

如同上面案例中的妈妈一样，孩子鞋带打死结就买没鞋带的鞋子，孩子是可以不犯系鞋带打死结的错误了，但孩子同时也失去了学会系鞋带的机会，更是失去了面对困难要敢于克服和勇于克服的机会；孩子洗碗弄湿了厨房，就不让他再洗碗，孩子是可以不犯洗碗弄湿厨房的错误了，但与此同时，孩子就可能失去了学会洗碗而且不弄湿厨房的机会，或者是失去了虽然弄湿了但懂得如何打扫清爽的机会，更有甚者，从此不再喜欢干力所能及的劳动，而且一碰到自己不愿意干的事情，就故意不做好，然后就可以不做。如此下去，孩子遇到什么事就会不假思索地说“我不会”、“你说怎么办”、“你帮我做”，孩子遇到一点点困难就撒娇或耍赖，不肯自己去想办法克服。然后，你的手就是孩子的手，因为该孩子动手时你动手代劳了，孩子用手创造人生的机会就给你剥夺了，从此孩子衣来恐怕手也难得伸，饭来恐怕嘴也懒得张了；你的脑就成了孩子的脑，因为该孩子想问题时你帮他想好了，孩子动脑思考的权利就给你剥夺了，从此孩子的脑子越来越迟钝；你的脚就成了孩子的脚，因为该孩子跑路时你代他跑了，孩子脚踏实地走自己人生路的机会就给你堵死了，从此孩子得了“软骨病”，懒得动了……

其实，孩子的人生应该是他自己的，而不是父母的；孩子的人生路应该他自己走，不应该是父母替他走；孩子的事情应该他自己做，而不应该是父母替他做。可我们的父母借口爱孩子、心疼孩子，对孩子无微不至地照顾，结果是剥夺了孩子的成长机会。这种爱叫溺爱，从最严重的意义上讲，这种溺爱会把孩子引向什么命运呢？从“溺”字上就可以看出来。“溺”字由水和弱构成，一味溺爱的结果就等于你把弱弱的孩子扔到大江大河大海里，周围没有任何援救人员和援救措施，孩子又不会游泳自救。孩子的命运只有一种：必死无疑！更何况就现实而言，孩子的人生本来就是在茫茫人海中，不去求得自己的立足之地和生存之机、求得自己展露头脚的舞台，就只有被掩没在茫茫人海人流中，而没有出头之日。

其实，“真正幸福的人是因为他们过着一种平衡的生活”。一方面，孩子需要父母和其他成人为其营造顺利的环境健康成长；另一方面，孩子更需要经受挫折的磨练，在孩子经历挫折后，家长和老师应该懂得培养孩子从挫折中获得体验、获得幸福的能力。即所谓的“苦中求乐”。获得一定物质保障，不让细小心灵经受重创；经历过摔跟头，方知道山外有山，人外有人；经历过被拒绝满足其提出的无理要求甚至是合理要求，便会知道人生并非只会享受有求必应的生活；经历过被严厉的批评责骂甚至挨揍，才知道这世界并不是只有和风细雨，还会有暴风雨、暴风雪，不只有春暖花开，还会有骄阳似火；经历过艰苦努力，方可品尝成功的甘甜味道……

另外，孩子在生活中如果把自己的幸福和快乐只寄托在一种追求上，往往最终的结果是痛苦的。一类孩子因为父亲不让他玩电子游戏而整天闷闷不乐，而另一类孩子却很快从另一种游戏中找到欢乐。兴趣爱好广泛和灵活调整目标对那些“玻璃孩子”、“学习好的孩子”尤其重要。

要注重培养“玻璃孩子”对受挫之后的恢复力。乐观的孩子不是没有痛苦，而是很快能从痛苦中解脱，重新振奋。父母和家长应认真培养孩子在“黑暗中看到光明”的自信心和技巧。还有就是不要总是抱怨，“与其在黑暗中诅咒，不如点燃一根蜡烛”。

父母对生活的态度很大程度上影响孩子的认识。患得患失、斤斤计较、悲悲戚戚的父母常常会养育出有同样品质的孩子。品德好、善良、热情、乐于助人、懂得重大局的父母也会培养出有同样品质的孩子。前面一位家长提到的“后母的三巴掌”的文章，文中的“我”在挨后母第一巴掌后悟出了“做人无论如何不能偷”的道理；在挨后母第二巴掌后，在节骨眼上“帮”人的“帮”字从此深深印在他的心灵里了；在挨后母第三巴掌后，懂得了多念书才会更中用的道理。

父母的教育方式也是“玻璃孩子”产生的根源之一。几乎没有哪个家长能够听着孩子的哭声而无动于衷。我们已经习惯了把孩子的快乐当成自己的快乐，孩子的悲伤呢，当然也变成了我们的悲伤。我们恨不得让孩子每时每刻都欢天喜地、无忧无虑，所以我们很乐意随时随地使用自己手中的魔杖——即刻解决问题的办法、力量或钱财——好比喊一声“变！”马上从痛苦中解救孩子，从而也获得自己心灵的片刻安宁。

家庭教育中针对孩子“适度的忽视”、“合理的批评”、“适当的劳累”往往能比较有效地避免“玻璃孩子”的“诞生”。对孩子给予“适度的忽视”，会让孩子明白：这世界并非只有他一个人存在，父母也并非只有围着他转这一件事，还有其他更多的事要做，父母不能时时刻刻把他当中心，别人更不可能时时刻刻把他当中心，这样孩子长大后就不会因为在一些时候受到冷落而沮丧不已或产生自卑心态了，这样孩子会懂得心中装有他人；对孩子进行“合理的批评”有助于孩子头脑清醒，增强是非感、增加责任感，增强抗挫折能力；让孩子经历“适当的劳累”，会让孩子明白不劳无获，要想收获就得播种，更会让孩子懂得尊重别人的劳动及劳动成果。

考虑一下，目前你的行为中有哪些是应该坚持的，哪些是应该改正的?

相关链接：

如果您能记住[①]

马迪·金

如果您能记住，您走一步，我要走三步才能赶上，

如果您能理解，我观察世界的眼睛比您的眼睛矮三英尺，

如果您在我乐意的时候让我自己试试，而不是把我推到前面或挡在后面，

如果您能满怀爱心地感受我的人生，不剥夺我自己抉择的需要，

① 摘自 wenku.baidu.com/link?url=psPdNqIz2CXhGth2.

那么我将长大、学习和改变；

如果您能记住，我需要时间获得您已有的生活经验，
如果您能理解，我只讲述那些相对我的成熟程度来说有意义的事情，
如果您能在我可以时，让我独自迈出一步，而不是把我猛推出去或拉回来，
如果您能用您的希望感受我的生活，而不破坏我对现实的感觉，
那么我将长大、学习和改变；

如果您能记住，我像您一样，失败后再试需要勇气，
如果您能理解，我必须自己弄清我是谁，
如果您在我想要时让我自己寻找自己的路，而不是为我选择您认为我该走的路，
如果您用您的爱感受我的人生，而不破坏我自由呼吸的空间，
那么我将长大、学习和改变。

第5堂课 “早恋”的智慧

异性朋友的友谊是初恋的最早表现形式，但友谊并不等于爱情；初恋是友谊发展的一种结果，而友谊发展的结果并不全都是爱情。

现实案例：

“我的女儿连续三天收到玫瑰花，并且偷偷和男生约会。”一位初中生的母亲陈女士向我们倾诉了自己的忧虑。玫瑰花是在一周前神秘出现的——那天早晨8点多钟时，上班的陈女士在邮箱内发现一枝小小的红玫瑰。当她把这件事告诉女儿的时候，女儿脸上泛起一片绯红，迅速地将玫瑰花拿到房间内插进盛水的玻璃瓶里。玫瑰花一直出现了三天，这件事情给陈女士敲响了警钟——女儿莫非在早恋？据陈女士说，女儿今年在读初二，学习成绩一直很好，假期给她请了家教老师补习功课，平日看不出什么异常。一天上午，陈女士外出办事，路过离家不远的一座商城前方的广场时，恰巧看到一男一女两个年轻人坐在草坪上，其中穿着白底蓝花裙子的女孩在开心地笑，他们相依相偎很亲热的样子，男孩的手环过女孩的腰……晚上陈女士回家后，她看到女儿将待洗的白底蓝花裙子扔在盆里，裙子上分明沾着星星点点的泥土和草屑。接下来，陈女士和女儿之间爆发了有史以来最激烈的家庭大战，女儿狠狠地摔门而去，临走前冲母亲大吼大叫："很多同学都有对象，为什么我就不能谈恋爱？"

你家的孩子是否有类似的情况呢？

各路观点：

一位潘妈妈说，孩子早恋首先家长有责任。"我女儿今年读初三，她每天6点半放学，平时半个小时就能到家，可是有一段时间她总是很晚才回来。开始我以为她在学校里补课，后来知道她和男同学在路上玩。"像这种情况，家长以为孩子在学校，老师以为孩子已回家，难免形成对孩子的管教空白。孩子往往就是利用这个空间生长出早恋"萌芽"。

刘爸爸今年35岁，他依然清晰地记着小学五年级曾暗恋过的同班女同学："青春期里朦胧的情感我们每个人都曾经有过，虽然我现在结婚了，但那份感情一直保存在我内心深处。我认为家长可以换一个位置，站在孩子的角度思考问题。用科学的方法和子女交流，要知道人与人是平等的，我们要正视他们作为一个人的权利。"

王妈妈说，我觉得不应该用"早恋"这个词给孩子贴标签。"曰喜怒，曰哀惧，爱恶欲，七情具"，爱是人的七情之一，需要得到尊重和培养。在国外，一些父母会因为自己的孩子没有"男朋友"或"女朋友"而着急。他们认为从小培养孩子与异性顺畅交往的能力，是孩子长大后婚姻幸福美满的保障条件之一。如果孩子从小不与异性交往，长大后与异性交往起来就觉得很别扭，甚至根本没有要与异性交往的需要，这样可就给孩子人生带来大麻烦了。

做老师的李妈妈说，孩子一段时间特别喜欢一个异性没什么可怕的。我儿子上幼儿园时会回家说我喜欢哪个女孩子，因为她漂亮还帮助小朋友；上小学时一段时间喜欢一个长得小巧可爱而且成绩很好的女生，另一段时间却喜欢一个黑黑的但很健壮的女生，那些随着时间的推移也烟消云散了。现在上初中了，也听他回家说某某同学"谈恋爱"了，我才不去做电灯泡之类的话。我问他有没有喜欢的女孩子，他居然说怎么可能会有，因为有的女同学傲慢，有的娇生惯养，有的没礼貌，有的不温柔……都没素质，我才不喜欢。我就问他喜欢什么样的女孩子？他说"貌若桃仙，热情似火，温柔似水"，我做晕倒状，并跟他说，恐怕你要用一辈子的努力去找遍全世界了哟。

某中学老师说，一些孩子早恋对他们健康成长不利，而且影响别的学生。我们班有一对活宝，在学校里居然卿卿我我的，还互相喂吃东西，一些同学羡慕不已，一些同学觉得厌恶。据说是双方父母都同意了的，可是没过不久，他们又各自"另寻新欢"了。其实这个阶段孩子情感非常不稳定，做父母的要正确引导才是。

你认为谁的说法是对的？你又是怎么认为的呢？

____

____

____

____

____

____

科学理论：

友谊是和亲近的同伴、同学等建立起来的特殊亲密关系，是一种彼此理解，亲切来往，相互热爱，关心体贴的真挚深厚的道德情操。它是同伴间的相互依恋，是归属感在伙伴关系上的体现。这对儿童发展以至人生旅程有着重大影响的特殊感情，在许多场合会伴随着人的一生，从幼年一直保持到晚年。

儿童专家塞尔曼对于儿童友谊发展进行过专门的研究。他提出儿童友谊发展有以下几个阶段：

第一阶段（3~7岁），这个时期的友谊关系还很不稳定。朋友只是一个玩伴，友谊就是一起玩。在这个时期，儿童还没有形成友谊的概念。儿童间的关系还不能称之为友谊，而只是短暂的游戏同伴关系。对这个阶段的儿童来说，朋友往往与实利的物质属性及其邻近性相联系，如果询问他们友谊是如何建立起来的，他们的回答通常是“一起玩”。如果要求他们描述一个朋友，他们往往描述具体活动，如他和我一起玩，他不打我，他给我玩具玩等。

第二阶段（4~9岁），单向帮助阶段。这个时期的儿童要求朋友能够服从自己的愿望和要求。如果顺从自己就是朋友，否则就不是朋友，如“他不再是我的朋友，因为他不肯跟我走”，“我才没有他这个朋友呢，因为他不和我一起去动物园”。

第三阶段（6~12岁），双向帮助但不能共患难的合作阶段。儿童对友谊的交互性有了一定的了解，但仍然具有明显的功利性特点。如“你今天和我一起玩了，明天我也和你一起玩”。一起正玩得高兴的小伙伴中，突然某个小孩遇到麻烦了，其他一些小朋友可能马上就跑了，害怕自己也惹上同样的麻烦，而不是共同面对，努力想办法解决麻烦问题。

第四阶段（9~15岁），亲密的共享阶段。儿童发展了朋友的概念，认为朋友相互之间保持信任和忠诚，甘苦与共。儿童开始从品质方面来描述朋友，“她理解人，她很忠诚”。认为自己与朋友的共同兴趣也是友谊的基础，“我们喜欢一些相同的东西”。儿童的友谊关系开始具有一定的稳定性。儿童处于共享和双方的利益而与他人建立友谊。在这个友谊关系中，朋友之间可以倾诉秘密，讨论、制订计划，互相帮助，解决问题。但这一时期的友谊有强烈的排他性和独占性。如“我告诉你一个秘密，我很喜欢一个人，你不准给别人讲。你说我该怎么办？”“我和明明是好朋友，他怎么和阳阳也成了好朋友呢，我真生气！”

第五阶段（12岁开始），是友谊发展的最高阶段。随着年龄的增长，儿童对朋友的选择性逐渐增强，由于择友更加严格，年长儿童建立的友谊关系能持续较长时间。

小学五六年级是同伴关系依从性的高峰期，即团伙现象，表现为六七个儿童经常在一起交往和游戏。进入青春期以后，他们需要有一个能够倾吐烦恼并能保守秘密的地方。这样，原先的团伙已经不能满足这种需要了，交友范围开始缩小，初中生最要好的朋友一般只有一两个，而且是同性别，选择朋友的标准包括：①志趣相同；②烦恼相似；③性格相近；④能相互理解。

进入青春期以后，男女同学之间的关系也发生了变化，表现出先疏远、后接近的行为模式。在幼儿期和童年期，儿童的交往一般是不分性别的。而处于青春期的学生就不一样了，随着性意识的觉醒，开始对异性同学逐渐产生了兴趣。刚开始时，他们对异性的兴趣却是以一种相反的方式来表达，表示出漠不关心、轻视对方甚至以一种不友好的方式攻击对方。到初中后期，男女生之间逐渐开始融洽相处，但一般都不会将对对方的情感表露出来，多数都成为一个人永久的秘密。

你的孩子在与同伴关系上有哪些特点？

____

____

____

____

____

____

专家点评：

青年初期，特别是在高中阶段，他们重视自我的完善，他们喜欢交往，在与同学的交往中，他们迅速发展起了友谊，并且大多数学生已经有了亲密的异性朋友。处于青春期的高中生异性间的友谊和初恋往往交织在一起，很难区别开来。异性朋友的友谊是初恋的最早表现形式，但友谊并不等于爱情；初恋是友谊发展的一种结果，而友谊发展的结果并不全都是爱情。正常的异性交往不会只以某一个异性为友谊的对象的，他们的交往对象和交往方式都是公开的。

从调查来看，每一所高中几乎都有早恋现象，高中生的早恋有两个特点。其一，对爱情理解的朦胧性。即他们还不理解什么是真正的爱情，不知道爱情需要承担道德责任和社会责任。可以说，他们在异性间相互吸引的时候会开始早恋，并且这种相互吸引仅仅停留在自己对对方的感觉上，这时的青少年只是追求理想主义的爱情，却很少去考虑它的现实性。其二，闭锁性。随着年龄的增长，中学生的内心世界变得复杂化，他们不会轻易地把自己心里话说给父母或老师，他们通常是把自己的心里话写到自己的日记上或以信件的方式给对方看，表达自己的感情。

虽然早恋是一个客观存在的现实问题，但不能排斥异性交往，从心理角度看，男女同学的正常交往活动是有益无害的。由于男女同学各自特点不同，在很多方面都可以进行互补，所以正常的异性交往对双方的心理健康发展都会有促进作用。作为成人，不应对孩子与异性的接触存在有过多的担心和限制，要勇于正视并进行正确的引导与教育，这样才能有利于孩子的身心健康。

考虑一下，目前你的行为中有哪些是应该坚持的，哪些是应该改正的?

相关链接：

爱孩子需要智慧[1]

我的女儿今年已三十四岁，容貌很不错，是研究生毕业。但她至今仍是形单影只，孑然一身。年复一年，青春的光彩已逐渐从她的脸庞消失，可是，她的“另一半”在哪里？作为她的母亲，我是既焦急又内疚，因为女儿如今的一切，都与我的失误有关。假如时光可以倒流，我将重新学做母亲，我会为女儿铺就与现实完全不同的另一条路。

女儿自小聪明可爱，是家里的太阳，我们发誓要让她接受最好的教育，成为国家的栋梁之材。在我们的调教下，女儿从小学、中学、大学，直到读研究生，都是成绩出类拔萃的优秀学生。

由于女儿才貌出众，她在读大学和研究生时，有不少的男孩子追求她，或愿与她交朋友，女儿也同他们时有往来。但一心想使女儿成才的我们，觉得她思想不成熟，怕她在交往中上当受骗，更重要的是，我们认为，她应把全部精力放到学习上。我们当时把学习与交往异性放在完全对立的地位，认为要一心埋头学习，就不能考虑男女间的事。我甚至还出面做了几个男孩的工作，要他们不要来找女儿玩。女儿是一个十分听父母话的乖孩子，父母的告诫使她断绝了同一切男孩的交往，家里——学校——图书馆——实验室，就是她的全部生活轨迹。

转眼女儿已研究生毕业参加工作好几年了，她的个人问题却迟迟没有解决，她对我们有着强烈的生活和情感依恋。我们开始着急，四处张罗着给她介绍对象，然而，出乎我们意料的是她对这一切表现冷漠，好像这是别人的事，与她无关，念叨得多了，反而怪我们多事。有时好不容易安排她和对方见面了，可刚出去一会儿，她就回来了，说两个人压马路累得很，不如回家看电视。而同她接触过的小伙子则说，她感情淡漠，根本就不在状态。光阴荏苒，花开花落，在我们焦急和无奈中，她步入了大龄女的行列。

---

① 引自 http://www.okwang.cn/h/090130507/16139_1.htm

回忆在80年代女儿进入青春期时，我们根本就没有听说过“青春期教育”这个词语，也不了解孩子的生理和心理变化，唯一担心的是怕孩子过早陷入“早恋”的泥潭而影响学习。由于我们的失误，在孩子心理发育的关键时刻，人为地关闭了她通往异性的心灵之窗，使她缺少了同异性交往的一课，当我们发现问题想要弥补时，却已错过了最佳时期。她也许会孤独地走完自己的一生，一辈子也不想尝试婚姻的幸福和甜美，而这一切，都与我们做父母的愚昧有关。我深深领悟到，爱孩子，原来是需要智慧的。

我写此文，是想提醒天下的父母，孩子的异性交往是他们成长道路上的必修课，做家长的任务，不是像我一样愚蠢地去阻止和干涉他们的交往，而是对他们做切实的指导和帮助。他们在交往中，也许会出现偏差或把握不好分寸，但这绝不是禁止他们交往的理由。可惜我懂得这些道理太晚了。

谁能告诉我，现在该怎么去给女儿补上异性交往的这一课？

第6堂课 劳动=脑力+体力

陈鹤琴先生在针对父母对儿童照料过度的现象时所讲的“做母亲的最好只有一只手”，意思是说，母亲最好只做自己该做的那一半事情。另一半不该自己亲自动手做的事情，借用孩子的手来完成，解放孩子的双手，让孩子用他们自己的手创造他们自己美好的人生。

现实案例：

某地有一位大学生，从小就特别聪明，上小学时跳过级，中学没有毕业就提前考入了大学，刚满19岁就大学毕业。紧接着，又以优异成绩考取了本校的硕士研究生。学校领导看他有培养前途，决定送他到国外深造。应当说，从小学到大学，这位研究生的人生道路是一帆风顺的。一般青年学生如果遇到了这样一个出国学习深造的机会，自然会高兴得不得了。可是，这位研究生听到这个消息后，却产生了巨大的心理压力：要独自一个人去异国他乡，远离父母家庭，谁来照顾我的生活呀？”

他为什么会有这么大的心理压力呢？因为这位研究生是独生子，从小就在家里过着“衣来伸手，饭来张口”的生活，他的生活问题全由母亲代劳，完全没有生活自理能力。就是在考上大学之后，他的母亲每周还要到学校替他整理内务，帮他洗洗涮涮。离开母亲的呵护与照料，他简直无法生存。因此，出国深造的消息给他带来的不是万分欣喜，而是极大的烦恼和压力。

来到北京语言学院进行出国前的语言强化训练时，他在生活上遇到种种困难，东西不会买，衣服不会洗。距离出国日期越近，他的心理压力就越大，整天心神不定，甚至愁得彻夜难眠。到后来，只要有人提到“出国”二字，他便浑身发抖，手脚抽搐，口吐白沫，不省人事。他的身体和精神全部崩溃了。送他到医院检查，医生说是精神过度紧张。人们问他患的究竟是什么病？医生说是“出国恐惧症”。

你家的孩子是否有类似的情况呢?

各路观点：

一位母亲这样问：“你看到现在有做家务的孩子吗？”“有，肯定有。”可这样回答她的时候，妈妈们其实心里也很清楚，现在肯做家务的孩子真是太少了，家长鼓励孩子做家务的更少。

俞妈妈说：“我家孩子倒是喜欢做家务，每次吃力地拿着拖把在地上来回地拖，因为他觉得这很有趣。可是他那哪里是做家务啊，简直是破坏。还有一次，家里来了客人，他出于好心，帮我刷碗，只有七八个碗碟，他却用去三分之二的洗涤剂。所以我才不让他做呢。”

“我家孩子每天做作业都要做到11点，我哪里还敢让他做家务呢！”王爸爸说，“做父母的没办法在学习上给孩子帮助，家务上总能帮孩子做的。

毕竟读书是很辛苦的。我们也理解。”

王女士认为现代社会，人们不需要“皇帝”，即便是皇帝也要自立。孩子在家里是“小皇帝”，到社会上都要成为“平民百姓”。平民百姓都要生活自理，连自己的生活都不能料理，就很难正常生存。孩子在小时候，父母心甘情愿地侍候这些“小皇帝”，父母年轻力壮，有精力侍候他们；但孩子从小习惯了“小皇帝”的生活，没有学会生活自理，到他们长大了，父母也变老了的时候，问题就严重了。

你认为谁的说法是对的？你又是怎么认为的呢？

科学理论：

在儿童早期，儿童的动作不断得到发展，而动作发展和其他方面的发展之间存在着密切的关系。皮亚杰认为，作为儿童对这个世界进行感知和动作影响的结果，儿童建立了关于这个世界的表征，从而学会了思考。事实也证明了这种看法是正确的。

就拿婴儿来说，从学会爬到最终学会走，对其发展“深度”概念至关重要。同样，学前期儿童其他一些动作技能的发展，与相关的大脑和神经系统的成熟有着紧密的联系；动作控制和协调能力的提高，也反映了儿童智力的发展水平。随着儿童感知更为精细以及比例意识的发展，通过儿童对人形的绘制也可反映出其智力发展的水平。

动作的发展是如此重要，以至于它被用来反映儿童大脑和身体的成熟程度。智力的发展水平与它有关，儿童社会性的发展也与它有关。因为常规的动作发展使得儿童能够与父母、兄弟姐妹以及与同龄、同性别的同伴交往。例如在儿童游戏中，不能双脚跳的儿童是不可能被大龄儿童邀请玩跳绳游戏的。

你的孩子在与动作发展已经是什么程度？有着什么样的特点呢？

____

____

____

____

____

____

____

专家点评：

50年前，我国著名教育家陈鹤琴先生曾针对父母对儿童照料过度的现象说了这样一句话："做母亲的最好只有一只手。"

50年过去了，今天做父母的对儿童过度照料的现象仍然相当普遍。特别是在独生子女家庭，这种现象更是有增无减，甚至出现"包办代替"的情形：孩子已经会自己吃饭了，父母还要一口一口地喂；孩子会走路了，家长非要抱在怀里不可，从这个大人手里传到另一个大人手里，不让孩子双脚着地走路；孩子会自己拿东西了，家长不让他们自己动手，而将东西一件一件地递到他们的手里；孩子会自己洗手、洗脸、洗脚了，家长却给他们打好水，替他们洗；孩子会自己穿衣服了，家长不让他们自己动手穿；孩子上学了，尽管距离学校很近，也不经过大马路、小马路，家长却每天要背着书包接送；孩子写作业，家长要陪在旁边，替他们削铅笔、灌墨水、用橡皮擦去写错的字；写完作业，家长不是要孩子自己收拾书包，而是替他们收拾；孩子自己会洗红领巾、手绢、袜子，家长不让他们洗，全由家长代劳……

现在，许许多多的孩子什么事都不用他们自己动手，一切全都由家长“承包”了。孩子过的是“饭来张口，衣来伸手”的生活，难怪有人称他们是“小皇帝”。可敬的父母们，当你包办孩子的一切时，你是否意识到你同时也剥夺了孩子锻炼的机会和独立的权利？孩子最终将走出你的视线，那时他将如何生活？在物质生活日臻丰富的今天，你的孩子最缺少的是什么？

其实，我们千万不可小看了孩子做家务的好处，孩子帮助干家务学到的知识，胜于书桌前的学习。爱劳动、爱料理家务的孩子长大后，自理能力总是比较强。从心理学角度，必须承认它有助于孩子成长的积极面。因为孩子根据家长的要求，在家中完成了任务，并得到大家的好评。这个过程也是孩子真正认识自我人生价值之难得的机遇。这是孩子学做家务最深远的意义。

当孩子还不能完全自理生活的时候，父母应在生活上给予照料，做父母的有这种责任和义务。但家长还应当明白，照料孩子的目的，不仅仅是为了使孩子生活得舒适、幸福，更重要的是在照料过程中教孩子逐步学会生活自理，进而掌握自立的能力。如果做父母的把孩子的事情全都包办代替，不让孩子自己动手、动脚、动脑，就等于把孩子的手、脚、脑都束缚起来，孩子将什么事都不会做。将来孩子长大离开家庭、父母，进入社会独立生活，就不会有生活自理的能力，这不但会给他们的生活带来诸多不便，还会影响他们的学习和工作，甚至有可能因为缺乏生活自理能力而葬送他们的锦绣前程。

美国一位儿童教育专家说，我们不能让孩子永远站在我们的后边，保持天真无知，而应去筛选生活，找出孩子在我们的指导下能承受的经历，使他有机会去体验生活自学成才，认识自己的能力。我们对自己和孩子不可能把每一件事情都安排好、把握住。如果拼命去做这个尝试，将会使自己烦恼无限。

陈鹤琴先生针对父母对儿童照料过度的现象所讲的“做母亲的最好只有一只手”，意思是说，母亲最好只做自己该做的那一半事情。另一半不该自己亲自动手做的事情，借用孩子的手来完成，解放孩子的双手，让孩子用他们自己的手创造他们自己美好的人生。

考虑一下，目前你的行为中有哪些是应该坚持的，哪些是应该改正的?

____

____

____

____

____

____

____

相关链接：

父母的能与不能[1]

我能给予你生命，但不能替你生活。

（我能给予你明亮的双眼，但不能强迫你很好地觉察这个世界。

我能给予你健康的身躯，但不能替你保证它永远健康。

我能给予你一个健全的大脑，但不能强迫你好好思考。）

我能教你许多东西，但不能强迫你学习。

我能指导你如何做人，但不能为你的所有行为负责。

我能告诉你怎样分辨是非，但不能替你做出选择。

我能为你奉献浓浓的爱心，但不能强迫你照单全收。

我能教你与亲友有福同享、有难同当，但不能强迫你这样做。

我能教你如何尊重他人，但不能保证你受人尊重。

我能告诉你真挚的友谊是什么，但不能替你选择朋友。

我能对你进行性教育，但不能保证你保持纯洁。

我能对你谈人生的真谛，但不能代替你对它说“不”。

① 引自 wenku.baidu.com/link?url=Ykd9ZIY02fGSYQgH.

我能告诉你毒品的危害，但不能保证你远离它。

我能告诉你必须为人生确定崇高的目标，但不能替你实现这些目标。

我能教给你做人的优良品质，但不能确保你成为善良的人。

我能责备你的过失，但不能保证你因此而成为有道德的人。

我能告诉你如何生活得更有意义，但不能给你永恒的生命。

我能肯定我将尽自己最大的努力给予你最美好的东西，但不能给予你前程和事业。

……

孩子，我能为你做很多，因为我爱你；但是，你要明白，即使我愿意永远和你在一起，也还是要由你自己做出那些重要决定。为此，我只求灿烂阳光永远照亮你的人生之路，使你总能做出正确的决定。

第7堂课 父母不能做的20个坏榜样

谁都想自己是个好父母，当然也知道给孩子做个好的榜样有多么重要。然而，有些时候，父母特别不想在孩子身上看到的行为，不经意间却发生在自己身上，结果，好父母无意中就做了孩子的坏榜样。你有下面这些言行吗？坚决地与自己的坏习惯“再见”，你就能成为孩子心目中的“完美父母”！

坏榜样1：不尊重孩子

聪聪的妈妈工作很忙而且工作压力也特别大，每天下班时已经觉得筋疲力尽了。她回到家时见到的不是4岁的女儿的撒娇声和清脆的笑声，而是看到聪聪不是时候地在又吵又闹，她终于忍不住大吼大叫起来：“怎么老是哭啊哭啊！别哭了，再哭我就揍死你，真是个烦人精！”聪聪见妈妈如此凶巴巴的，哭闹得更厉害了。妈妈大发雷霆，不分青红皂白地把女儿打了一顿。

提醒 其实，一个自尊并且懂得尊重他人的孩子，一定是先得到了成人的尊重才懂得的。聪聪妈妈的处理方式对孩子显得并不尊重，给孩子带来的后果是学会对抗和反叛，而不是理智地解决问题。聪聪妈妈完全可以采取另外一种方式对待女儿的。一是注意不要把工作带给自己的压力和疲惫转化成一种无名火发泄在孩子身上。二是冷静且充满关心地去询问女儿为什么哭闹，是生病了？还是饿了？还是耍赖？然后对症下药地给予回应。如果我们不给予孩子这种尊重，对孩子很粗暴，孩子也会想当然地认为别人就应该按照我说的去做，难以站在别人的角度考虑问题。

坏榜样2：不回避孩子吵闹

小李和小王结婚快十年了，她和丈夫小王经常为一些“为什么买鸡不买鸭”之类鸡毛蒜皮的小事情，当着已上小学的女儿的面吵得不可开交，事后又言归于好。

提醒 我们的敌对、争吵，给孩子提供了一个攻击性行为的坏榜样。我们吵架时的神态、姿势、语气语调、用语都被孩子看在眼里，记在心里，日后孩子在游戏时，就有可能对着洋娃娃嫩声嫩气地骂，狠狠地打娃娃，或者对小朋友说粗话、脏话。

坏榜样3：溺爱孩子无度

小张每天工作都很辛苦，可是挣的钱并不太多，她勤俭持家，一点也舍不得给自己买件新衣服什么的。可是，小张对自己的儿子强强却很是大方，他要奥特曼、要超人，都会照买不误，要吃零食也总是满足，从不教孩子知道节省一点儿。也不告诉孩子家里并不富裕，小张认为，独生子女社会，谁家会不疼爱这么一个孩子呀！自己的孩子也不能比别人家的差，自己就是再苦也不要苦了孩子。

提醒 我们的这种没有原则的溺爱，会使孩子只懂得如何得到，不懂得如何付出。孩子长大后怎么能体会得到父母挣钱的辛苦呢？又怎么知道尊重父母的劳动，要注意节约呢？

坏榜样4：客套敷衍孩子

甜甜的妈妈每天下班一回到家里，总是习惯性地问女儿："今天你在学校里过得怎么样？"她一边问，一边忙着去做饭或整理房间，或者看报纸了。开始这样问时，女儿还会高兴地跑到妈妈跟前告诉妈妈在学校里发生的事情，上课有什么有趣的事情发生了，与同学玩时有什么矛盾发生了，作业被老师怎么评价了……可是时间一长，女儿发现妈妈听自己说话时并没有放下手中在做的事情，只是"嗯、嗯"地应着。后来妈妈问在学校过得怎么样时，她也干脆像妈妈似地应一声"还好！""就那样！"的应付之语。

提醒 甜甜妈妈的行为似乎在告诉女儿："我只不过随便问一问你而已，我现在并不关心你的答案。我现在最关心的是如何快点做好饭或整理好房间，或看完报纸。"妈妈的这种做法带给孩子的后果是学会了客套敷衍"就那样！""还好！"于是，孩子从我们身上学会了敷衍父母或别人。父母要想让孩子认真对待事情，自己首先就要用行为示范。甜甜妈妈在问了女儿之后，花点时间一心一意地倾听女儿的诉说，并用长一些的句子给予回应，这样女儿就会感受到妈妈的真诚和认真了。自己也会以妈妈为榜样，也认真应对别人的。

坏榜样5：有错拒不承认

强强的爸爸因为强强争夺玩具而跟别的小朋友吵架，便要孩子向小朋友道歉，而且还罚孩子一星期不许玩玩具。几天之后，强强爸爸意识到自己对孩子的惩罚有些过头了，可是他想"父母言行要前后一致"，于是就说服自己，坚持原则就是胜利，所以就不把自己的话收回。

提醒 小孩犯了错误，大人会像逼犯人一样让孩子非得承认错误不可。可是自己有了错却找借口不改正，这样不利于孩子的健康成长。人非圣贤，孰能无过。强强爸爸在意识到自己对孩子的惩罚过头之后，完全可以跟孩子讲明理由，取消惩罚。让孩子知道，每个人都可能犯错误。犯错误并不可怕，改正了就是好孩子。

坏榜样6：遇不顺之事责备和埋怨

丁丁家里的电视机坏了，爸爸请丁丁的舅舅来帮忙修理。可是到了约定的时间，舅舅却打电话说有急事来不了了。爸爸挂断电话，就对孩子和妻子抱怨："你舅舅做事情怎么这个样子呢？真是太不守信用了！以后再也不要找他帮忙了。"

提醒　像丁丁爸爸这样面对问题时进行责备和埋怨，不仅无济于事，还给孩子做了一个坏的表率：在面对失望的时候，用责备和埋怨别人的方法去应对。丁丁爸爸如果对舅舅不能来持理解态度，并让孩子和自己一起想其他办法尽快把电视机修好，那么孩子就知道遇到问题时最重要的是把问题解决掉，而不是责备和埋怨。

坏榜样7：为事比为人重要

晚饭后，女儿吵着要你给她讲故事，可你总是不停地忙着其他的事情：整理房间；回复邮件或者查看一些信息；刚要坐下讲故事，忽然又有什么事情要去处理了。

提醒　我们的行为举止使孩子明白了一个"道理"：生活中只有工作没有娱乐，家庭中只有家务没有游戏，为了在这个社会里生存和生活，必须一星期7天每天24小时无休止地工作、干活。

坏榜样8：解决冲突方法不恰当

妈妈和儿子龙龙在超市排队等着付款。一位妇女插队站在了妈妈的前面。妈妈要求那位妇女到后面排队去。但是她对妈妈的话却置之不理，于是妈妈就提高嗓门，与她进行理论，最后两个女人争吵了起来。

提醒　妈妈的做法对儿子进行了错误的社交技能训练，可能会使龙龙误以为吵架、谩骂乃至打架都是解决冲突的好办法。难怪我们会经常看到孩子为了争抢玩具而与小朋友吵架或者打架的情形。有理不在声高，有理也要顾及别人的感受。在此，龙龙妈妈可以附在那位妇女耳边轻声说："因为孩子在，自己在让孩子学排队的规矩，请她帮个忙。"也许那位妈妈会不好意思地去后边排队了。这样孩子知道遇到事情是可以协商解决的。

坏榜样9：言而无信，撒谎推脱

俊逸的爸爸是小学家长委员会的成员，写作能力非常强，俊逸的老师请他帮忙写一篇如何教育孩子的小文章发在校报上，爸爸当着孩子的面满口答应了。可是他一直很忙，截稿前一天还不能完成这篇小文章。这时候，爸爸打电话给老师，告诉老师说自己病了，让老师再找其他家长来写。俊逸见爸爸这样被气哭了："爸爸，你真讨厌！你太不讲诚信了，答应我们老师的事情不做到，还撒谎说自己病了。我怎么会有这样的爸爸！"爸爸却不以为然地说道："你爸爸这段时间不是很忙吗？儿子，别这么大惊小怪的，好不好！"

提醒　不知俊逸的爸爸想没想过："为父不仁"的后果可能会是"为子不义"；"上梁不正"，"下梁"可能会歪下去。以后孩子有什么承诺的事没做到便随便找借口，教育孩子要言而有信，要敢于承担责任。我们做父母的是孩子的一面镜子，君子一言，驷马难追，要为孩子做个言而有信的好榜样，答应的事情一定要做到。

坏榜样10：把恨传递给孩子

婚姻之路终于走到了尽头，明明的妈妈心中充满了对明明爸爸的怨恨。于是妈妈向6岁的女儿明明历数爸爸的不是："他从来都不陪你玩，也不给你买东西，以后还不肯给你的生活费。"并且告诉女儿："爸爸已经不要你和我了，他是个大坏蛋，你从此再也不要理他这个没心没肝的人了。"

提醒　明明妈妈这样做，等于是在把自己的恨传递给女儿，在教孩子学会仇恨。如此下去，孩子在希望做什么事情时一旦达不到目的，就会搞破坏，就会捣乱，并进行报复。其实，明明妈妈完全可以采取另外一种方式告诉女儿："虽然爸爸不和我们一起住了，那是大人之间的事情，但他还是很爱你的，他心里非常关心你。他永远都是爱你的爸爸，这是个事实不会改变的。"

坏榜样11：委曲求全

某一天，有个7岁女儿的张淘突然发现丈夫有外遇了！开始时她非常生气，震惊，并感到很恐慌，到最后便忍气吞声，委曲求全，张淘不断地告诉自己："只要他还要这个家就行了，自己还图什么呢，不就是要给女儿一个完整的家吗？不就是要让女儿有父亲吗？"

提醒 我们"善意"营造的一个貌似完整的家，并不能给孩子足够的温暖和爱，"同床异梦"和"貌合神离"带给孩子的将是对生活的不信任，对人间真情的误解！

坏榜样12：示范不孝敬

小宝的妈妈因为婆婆曾经百般阻挠自己的婚姻，曾对自己横挑鼻子竖挑眼的行为心怀不满。结婚有了孩子小宝之后，依然不会孝敬婆婆，从不去婆婆家，也从来都不让婆婆来自己的小家，更不曾带儿子去奶奶那里玩，背地里还经常当着孩子的面诅咒老人。

提醒 俗话说，不孝为猴，孝则为人。我们想要让孩子长大之后会懂得孝敬自己，自己得给孩子树立如何孝敬长辈的榜样。不为孩子树立孝敬的榜样，而示范不孝敬的榜样，总有一天自己会自食其恶果的！到时就会是搬起石头砸自己的脚了。这位妈妈不喜欢孩子的奶奶情有可原，自己不愿主动表示对老人的孝敬行为也并没有什么大错。但可以让孩子去表示，让孩子带着东西去看奶奶，去奶奶家玩。还有，自己千万不要在孩子面前骂老人，这是在污染孩子的纯洁心灵。

坏榜样13：对自己行为不负责任

明明爸爸总是习惯性地随手乱丢东西，衣服随便扔在床上，看过的报纸乱七八糟地扔在客厅沙发上、茶几上……明明妈妈会无怨无悔地把明明爸爸随手乱丢的一切东西都收拾好，从来不需要他操心收拾。

提醒 明明爸爸这样做，会让明明也可能养成把一切责任都推给别人的不好习惯。

坏榜样14：说一套做一套

乐乐妈妈在家里时，总是鼓励乐乐要学习孔融让梨，给爷爷奶奶让座，帮爷爷奶奶盛饭等。可是自己带着乐乐在公共汽车上时，却与老人、儿童抢位子，或者在“禁止入内”的牌子下让孩子爬到雕塑上摆姿势。

提醒 乐乐妈妈对乐乐在家里要求的是一套，在外面做的却是另一套，对于一个还没有形成适当的道德感和社会公德的孩子来说，就可能觉得对家里的人要有规矩有礼貌，对外面的人就不用这么做了。这样，长大后面对社会的种种挑战、种种诱惑时，就很难有定力守护好自己的做人底线。做家长的要求孩子要内外一致，亲疏无别，才不会让他产生迷惑、茫然。

坏榜样15：拿别人来比较

孩子在游乐场上迟迟不走，你催了一次又一次，只见小朋友越来越少，你对孩子说：“别的小朋友都回去了，你也该走了吧！”终于把孩子拖走了。

提醒 我们总是用相对于别的小孩的标准来衡量自己的孩子，这会使孩子把注意力放在和别人比较上，并将此内化成自己的行为准则，长大之后做事就会轻易受其他人影响。

坏榜样16：遵守规则不自觉

路上又堵车了。瑶瑶爸爸将车从紧急停车道上开了过去。坐在车里面的5岁女儿瑶瑶问爸爸："为什么我们走这边？"爸爸说："这儿没有警察，也没有摄像头，没有关系的。"又一次，爸爸带瑶瑶过马路，红灯还亮着，就要带女儿过马路，女儿问："幼儿园教我们红灯停、绿灯行。为什么红灯亮着我们还可以走？"爸爸说："这阵儿没有车子过来。"

提醒　像瑶瑶爸爸这样在没有人监督或没车过来的时候就违规前行，会给女儿形成这样一个印象：规则只是在有人监督的时候才应该遵守，规则只有在有危险的时候才遵守，在没有人的时候，只要不被抓住，做什么都可以；过马路时在没有车开过来的时候不管什么灯亮着都可以走。这样一来，女儿就很难形成牢固地自觉遵守规则的习惯。要想让孩子养成自觉遵守规则的习惯，大人先要以身作则。

坏榜样17：一切自己包揽

阳阳妈妈在厨房里忙得热火朝天，6岁的儿子阳阳钻进厨房来想帮忙，你赶紧把孩子推出厨房："去去去，小孩子不要'多管闲事'，一边待着去。"

提醒　我们对孩子的"爱护"，让孩子认为一切都是父母的事。

坏榜样18：酸葡萄效应

在家里吃饭的时候，你当着孩子的面愤愤不平地告诉爱人："小王升职了，他有啥了不起的，不就懂些电脑吗……"

提醒　我们不承认自己不如别人，孩子就学会以自我为中心，不思进取。

坏榜样19：简单粗暴处理问题

5岁的儿子试图拆开一只闹钟看个究竟，你不禁勃然大怒："小孩子懂什么？不准乱动！"

提醒 我们想让孩子知道哪些该做、可做，哪些不该做，可是，简单说"不"只能破坏亲子关系，压抑孩子的能动性和创造性，迫使他们转入"地下活动"，到那时悔之晚矣！

坏榜样20：哄骗吓人

女儿吵着要买芭比娃娃，你想制止她，就连骗带吓说："不听话，警察来抓你了！""不听话，爸爸妈妈不要你了。"

提醒 当孩子证明"自己被骗了"，以后就不再相信大人的话了。

参照这20个榜样，目前你的行为中有哪些是应该坚持的，哪些是应该改正的？具体应该怎么做？

相关链接：

我们可以向外国家长学什么？

做父母的，生育了孩子，就要养育孩子，更要教育孩子。他山之石，可以攻玉。我们做家长的，了解一下与我们文化背景不一样的父母如何培养孩子的，有助于我们科学、合理、人性化地教育孩子健康成长。

1.外国家长尊重和理解孩子的心理和选择

外国家长普遍认为孩子从出生那天起，就是一个独立的千差万别的、生动活泼的个体，有自己独立的意愿和个性。无论是家长、老师还是亲友，都没有特权去支配和限制他的行为，在大多数情况下都不能替孩子做出选择，而是要使孩子感到他是自己的主人，甚至在什么情况下说什么话，家长都要仔细考虑，尊重和理解孩子的心理。

“爸爸，我要学画画！”

“那好呀！你怎么忽然对画画感兴趣了呢？”我高兴地问。

“今天我在爱丽娜斯家看到他的叔叔，他是一位画家，他的画真是美极了。”

于是，在第二天我就给他买回了颜料和各种画笔。对于这些，我总是对儿子采取支持的态度。只要是对他的成长有益的东西，我当然是竭尽所能去满足他。

与此相反，大部分中国家长的支配欲都比较强，喜欢要求孩子顺从自己的意愿，要求孩子顺从、听话。孩子上什么兴趣班由家长选择，考大学上什么专业要由家长决定，选择对象要家长首肯，这类事情司空见惯。中国家长以孩子听话作为好孩子的一个标准。

2.注重让孩子养成独立自主的习惯

外国家长注重养成孩子自己动手、学会独立自主的习惯，外国家长一般都相信孩子具有自我反省和教育的能力，孩子要自己劳动，自己生活，从劳动中得到快乐，从动手中获得各种知识，学习各种技能。孩子能做到的，就让他自己做，这是对孩子的尊重。比如在西方有很多这样的情形：父亲或母亲在前面走，刚刚学会走路的孩子跟在后面走，他们认为这对孩子独立性的培养十分重要。具体说来，不同的国家有些侧重点不一样。

美国的家庭教育是以培养孩子富有开拓精神、能够成为一个自食其力的人为出发点的。美国家长非常注重孩子劳动习惯的培养，他们通常会给孩子制订一个家务劳动计划。父母从孩子很小的时候就采取种种读书方法，让他们认识到劳动的价值，比如让孩子自己动手装配自行车、修理小家电、做简易木工、粉刷房间、剪草坪、扫雪、到外边参加义务劳动，等等。即使是富有的父母，也十分注重对孩子进行自谋生路的能力教育。也许大家都非常熟悉三个苹果的故事吧。一位美国母亲拿出三个苹果（其中一个又大又红）问她的三个孩子：“你们谁想吃这个又大又红的苹果？”三个孩子都举手想要。这位母亲却说：“那好！我们家的草坪需要修剪了，我已分成了三块，你们谁剪得又快又好，谁就吃这个最大最好的苹果。”这位母亲让孩子明白，要想得到最好的东西，只有靠劳动获得，而且必须认真付出劳动，同时还要保证劳动的质量和效率。

瑞士的父母为了不让孩子成为无能之辈，从小就着重培养孩子自食其力的精神。譬如说，十六七岁的姑娘，初中一毕业就被送到有教养的家庭里去当一年左右的佣人，上午劳动，下午上学。她们这样做，一方面可以学会独立谋生之道，另一方面还有利于学习语言。因为瑞士是个多语种的国家，既有讲本土语言的地区，又有讲德语和法语的地区。所以，一个语言区的姑娘掌握三门语言之后，就可以去银行等部门就职。在瑞士，长期依靠父母过寄生生活的人，被认为是没有出息和可耻的。

德国的父母一贯重视培养孩子“勤奋、正直、可靠、乐于助人、作风正派”等品格。因此，父母们从不包办孩子的事情。他们将子女视作独立的个体，给他们空间，让他们独立地去完成自己应该完成的事情。譬如，孩子在一周岁左右，父母就鼓励他们自己捧着奶瓶喝牛奶，喝完了，父母还向孩子道谢并加以表扬。随着孩子年龄和能力的增加，父母再引导他们完成一些更难的事情。这样，当他们进入社会的时候，在别人的眼里就不会成为低能的“怪物”。在德国，不仅父母注重孩子的责任心和自立能力，法律也有这样的要求。法律规定，孩子到14岁就要在家里承担一些义务，比如要替全家人擦皮鞋等。德国人常说，他们的首要职责就是让孩子懂得，一个人走向社会最终要靠自己，靠自立和自强。

一位儿童心理学家说，“有幸福童年的人常有不幸的成年”。我们无法永远保护孩子，但是我们可以教给他们怎样认识生活和社会、保护自己。让孩子体验挫折是让孩子适应社会的最好方式之一。一位中国记者目睹了德国家长对孩子进行的挫折教育。刚到德国时，这位记者寄住在朋友约翰家里。约翰家在法兰克福“富人区”，家境很好。他有两个孩子：11岁的乔治和9岁的凯斯。在他家住了几天，记者就发现一向对公益事业慷慨解囊的约翰夫妇，对孩子却十分“小气”。孩子的零用钱每月才30欧元，而且要帮家里干活才能得到。乔治负责为花园植物浇水、翻土及擦洗汽车；凯斯则帮助父母洗餐具、收拾房间、去商店购物和擦洗全家人的鞋子。到了暑假，两个孩子还骑着自行车，顶着炎炎烈日，挨家挨户送报，赚取买书籍、玩具的费用。这位记者对约翰夫妇的“残忍”表示不解。他们却说：“孩子总有一天要去更广阔的天地闯荡。为了他们将来能应对挫折，一定要培养他们战胜困难的能力。”后来，这位记者发现德国家长经常给孩子设置一些顺境下的“障碍”，有时甚至还故意“制造”一些犯错误的机会。记者的德国同事苏珊娜7岁的女儿要跟同学去郊游。临行前，苏珊娜发现孩子忘了把食物和手电筒装入行囊。可她没有提醒。旅行回来，孩子饿得脸色发黄。这时，母亲才问女儿怎么回事，并帮女儿分析原因。最后，女儿表示：“以后出门一定要先列一个物品单子，那样就不会忘带东西了。”

另外，德国人还非常重视培养孩子敢与大人争辩的习惯。争辩既让道理愈辩愈明，也让孩子思维越来越敏捷，还让孩子懂得中唯书、不唯上，在真理面前人人平等。

英国的父母比较注重让孩子从失败中吸取教训，让孩子养成在失败中慢慢成长的习惯。常言道，失败乃成功之母，英国父母善于“给孩子失败的机会”。比如说，让孩子学习做手工，父母并不急于帮助孩子一次性做好，而是让孩子自己在不断尝试中做成。

犹太父母非常注重培养孩子喜欢读书的习惯。犹太人有个传统，犹太孩子在很小的时候，父母就往书上抹一点蜂蜜，让孩子用嘴去舔，这样做是为了“让孩子很早就知道书本是甜的”。据说，目前世界上平均每年每人读书最多的民族也是犹太民族呢。中国有句俗话，书中自有黄金屋，书中自有颜如玉，书中自有千钟黍。用到犹太人身上恐怕也是适合的。

加拿大父母比较注意让孩子学会玩。他们认为让孩子通过玩要可以学到书本中学不到的东西。玩是孩子的天性，玩是孩子的工作。玩得花样百出，玩得妙趣横生也不是一件容易的事情，需要动脑筋，需要动手创造。

日本父母比较注重孩子独立自主能力的培养。也许大家都听说过日本的“naked education”吧，直译叫裸体教育，事实上是让孩子在寒风凛冽、冰天雪地的大冬天穿着短裤、衬衫跑步去上学。这是一种意志力教育，是一种忍耐力教育。中日夏令营的那场较量也还有印象吧！日本孩子独立面对困难、独立克服困难，最终赢了中国小朋友。这是日本父母从小注意培养孩子吃苦、独立自主能力的结果。

相反，中国家长喜欢层层保护，特别溺爱孩子，中国的家长生怕孩子磕着碰着，往往要抱着或拉着孩子走，这与外国家长引导着孩子走大不一样，一个被动一个主动。

3.注重让孩子自由发展

外国人希望孩子成名成家的观念相对中国而言，比较淡薄，他们并不煞费苦心地设计孩子的未来，而是注重孩子的自由发展，努力把孩子培养成为能够适应各种环境，具备独立生存能力的社会人。他们的家庭教育是以培养孩子富有开拓精神、能够成为一个自食其力的人为出发点的。基于这种观念，外国的很多家庭都十分重视孩子从小的自身锻炼。他们普遍认为，孩子的成长必须靠自身的力量，因此从小就培养和锻炼孩子的自立意识和独立生活能力。例如，从孩子小时候就让他们认识劳动的价值，让孩子自己动手修理、装配摩托车，分担家里的割草、粉刷房屋、简单木工修理等活计。此外，还要外出当杂工，如夏天替人推割草机、冬天铲雪、秋天扫落叶等。外国孩子从小就从事的送报等劳动，本身就是一种吃苦精神的磨炼。在寒冷的冬天，当中国的同龄孩子还在热被窝里熟睡时，西方孩子早已起来挨家挨户去送报了。在这种潜移默化的过程中，孩子逐渐成长为具有自立、自强、独立生存能力和社会责任感的公民。

中国家长则对孩子比较娇生惯养，认为让小小的孩子劳动有些“残忍”，因此，本该孩子自己做的一些事情也给包办代替了，而孩子独立自强的生活本领则非常弱。而且中国家长对孩子在学习上期望特别高。中国的许多家长望子成龙心切，因而超越孩子实际水平的高要求、拔苗助长的教育方式、恨铁不成钢的态度在家庭里到处弥漫。

在孩子的成长过程中，除生活上加倍关心外，家长最关心的是孩子的学习。为使孩子学习成绩好，将来“光宗耀祖”，学习之外的事情家长都不让孩子干，似乎学习好就是万能的，而对孩子的独立生活能力、社会适应能力、心理健康程度、道德情操以及公民意识等则关心甚少，有的甚至完全不顾。从孩子出生到成年，家长几乎把孩子的一切都包了下来，做饭、洗衣服、打扫、攒钱供孩子读大学、出国、结婚、养儿育女等。尽管我们的家长都希望孩子成才、幸福，而这样的家庭教育既不可能令孩子成才，也难以让孩子得到幸福，因为社会的竞争，绝不仅仅是知识和智能的较量，更多的是意志、心理状态和做人的比拼。

4.重视和孩子的心灵沟通

西方的家长经常与孩子进行心灵沟通，洞察孩子的心理需要，非常重视孩子的心理健康。西方的家长更加重视孩子健康心理的培养，因而很注意与孩子的情感交流，关心孩子的心理需要。家长把快乐教育作为一项重要的教育内容来实施。他们经常和孩子一起讨论问题，孩子遇到不顺心的事也愿意跟家长商量。心理学的研究表明，健康的心理对于孩子的成才和健康人格的塑造至关重要。

有一次我们和一些朋友去郊游，因为是春天，大家都穿上了轻松的春装。可是，维尼夫雷特非要穿她的那件绿色大衣不可，因为她觉得那件衣服好看。

我对她说："现在已不是冬天，天气热了起来，如果你穿大衣出去，会很难受的。"固执的小女儿没有采纳我的建议，仍然坚持自己的观点。

等我们到了游玩的地点，其他的孩子都穿上了轻便的服装，只有维尼夫雷特一人穿着厚厚的大衣，女儿在温暖的天气下，热得满脸大汗。这时，她注意到别的孩子在用奇怪的眼神看她。

维尼夫雷特对我说："妈妈，我有些肚子疼，我们回家吧。"

我明白女儿的用意，知道她想找借口离开这里。

"哇，春天真让人感到舒畅。"我假装没有听到她的话，只是自言自语地说："那些孩子穿的衣服显得多么轻松呀。"然后低头对维尼夫雷特说："我想你可能改变主意，所以把你的春装带来了，要不要到树林里去把它换上？"

维尼夫雷特的脸上顿时阳光灿烂，亲热地吻了我一下，并要求我带她到树林中去换衣服。

孩子的心是稚嫩的，需要格外呵护，维尼夫雷特的母亲没有当众嘲笑她，而且不露痕迹地把女儿从尴尬中解救出来，她从心底里感谢母亲的善解人意，而且从此学会了接纳别人有道理的建议。

而中国家长更多的是关心孩子的生理需求而忽视心理需求。现实生活中，我国不少家长的做法是，他们在日常生活中对子女的关心基本上集中在孩子的生理需要方面，很少关心甚至根本无视孩子的心理需求，忽视孩子健康心理的培养和性格、意志的磨炼。许多家长喜欢说："我供你吃供你穿供你用的，什么都不用你操心了，你还不好好学习到底还需要什么呢？”其结果是，在相当程度上导致了孩子的心理承受能力过低，以至于经不起生活中的压力和挫折，即使是一件小小的事情也能使他沮丧不已、颓废堕落、自暴自弃，动辄离家出走，甚至轻生厌世。此类事件近几年各媒体屡有报道，一次考试失败就自杀啦，一次父母或老师的责骂就寻短见啦，这些大部分都是家庭教育水平低下造成的结果，更确切地说是家长忽视对孩子健康心理的培养而造成的悲剧。

5.看重日常生活行为和习惯

西方家长比较注重从小教起，从日常生活行为教起。西方家长重视从日常行为与情感中对孩子进行“做人的教育”，注重从内心情感去尊重别人，看重的是日常生活的行为与习惯的培养。注重从日常事件中培养孩子的责任感。

曾任过美国总统的里根在12岁的时候，一次踢足球不小心踢碎了邻居家的玻璃，人家要求赔偿12美元。这在当时可以买下125只鸡蛋。闯了大祸的里根只有向父亲承认错误，但是父亲坚决地让他为自己的过失负责任。里根为难地说：“可是我没有钱赔人家。”父亲掏出12美元对他说：“这12美元是我借给你的，一年以后还给我。”

从此以后，这位12岁的男孩开始了艰苦的打工生活，经过半年的努力，他终于挣足了12美元还给了父亲。在回忆这件事时，里根谈到：“我用自己的劳动来承担了自己的过失，并且在这个过程中，懂得了什么叫责任。”

而中国家长却忽视了孩子“做人的教育”。如果是中国家长碰上了上面的事情，往往会责骂孩子“你就知道惹祸，还不滚开”，孩子离开后父母便代替孩子承担责任，又是赔钱又是道歉，甚至还为孩子护短。我国家长和幼儿教师往往脱离孩子心理发展的实际去对孩子进行大而空的教育，例如，幼儿园时就提出爱国主义、革命英雄主义、伟大理想主义的教育，忽视基础的行为习惯、良好的人际交往等与孩子发展阶段相适应的“做人的教育”。我们一直在谈对孩子的教育需要循序渐进，这不仅适用于智力教育、知识教育，同样适合于做人做事的道德教育。现在我们的孩子道德观念淡漠，不知道体谅人，社会性发展差，这与家长忽视对孩子最基础的“做人教育”恐怕不无关系吧。

6.鼓励孩子敢于创新和探索

西方家长往往习惯于鼓励孩子的创新意识和探索精神。西方家长“鼓励创新”，而中国家长往往“满足于克隆”，前者鼓励孩子去超越前人，后者教导孩子在前人面前止步。比如说，美国孩子拆了家里的闹钟，如果能够重新装好，多数家长会称赞孩子，若是装不好，许多家长会与孩子一起把闹钟装上，甚至鼓励孩子再拆、重装一次。但中国孩子如果拆了家里的闹钟，就算自己能重新装好，恐怕也没有几个孩子敢告诉家长。

西方家长相信孩子具有同成人一样的独立研究、独立动手的能力，能以宽容的心态去营造一个利于培养孩子创造力的环境和氛围。他们对孩子所做的种种探索行为往往持积极、肯定的态度，鼓励孩子在生活中提出不同的见解，并对其中的疑问进行积极的探索。

我认为小孩子的玩具不应是完整无缺的，因为太完美的东西有损于孩子自己发挥能力，有碍于他们主动地发挥想象力。玩具应该对孩子发挥积极的作用，而不应该仅仅是一个玩物。所以我从不给维尼夫雷特完整无缺的玩具。

从维尼夫雷特小时候起，我就只给她布做的娃娃和胶皮娃娃。她可以和这些玩具一同说话，也可以和它们一起睡觉，这样可以通过这些玩具来发展她的想象力。

不仅如此，我还让维尼夫雷特自己做玩具。有时我会给她剪刀和碎布等，教会她自己缝制娃娃的服装，使她从小就学会一些基本的生活技能。

西方家长有时即使认为孩子的某一行为并不具有积极的效果，他们也不会过多地干涉，而是让孩子在自己进行的探索中逐渐认识到自己的问题，并予以纠正。而中国家长往往满足于让孩子“克隆”。比如说孩子画画会以画得像不像而不是好不好、有没有创意来评价。中国家长对孩子的探索活动大部分是持否定态度的。他们往往把孩子自己进行的“探索活动”视作“胡闹”而加以制止。孩子往往在家长的严格管教下被熄灭了创造性火花。

从以上的对比中我们不难看出，西方的家庭教育观念及做法值得我们学习和借鉴。西方家长在家庭道德伦理观念、家庭教育价值观以及能力培养、品德教育、创造性激发等方面都有其独特的价值，值得我国家长认真研究学习。

启迪篇
智慧妈妈会念的3
大教子经

第8堂课
让老公成为教子的得力帮手
——讲给老公听的七个故事

在教育孩子的阵线上，要有信心把老公培养成自己“言听计从”的帮手，孩子是小宝，老公是大宝，教育他们不仅要讲究方式方法，更不能留下说教的痕迹。如果每天说一个故事，一周下来，就可以好好总结一下自己的教育成果。

星期一　天气晴

儿子是机灵聪明，但性子很急，办事毛毛糙糙，经常出些差错，说破了嘴皮子也不管用。这点和他爸一样，所以我想，要教育儿子，先得教育老公，然后由老公出马，和儿子郑重其事地谈谈急性子有哪些不好，可能会事半功倍吧。苦苦寻得一则故事，启发老公，教育儿子。

用故事启发老公1：要会给孩子讲故事

林则徐小时候机灵聪明，但性子很急，办事毛毛糙糙，经常出些差错。父亲林宾日认为，“从小看大，三岁知老”。小孩子这样下去养成马马虎虎的习惯，将来办事要出大错的。一天，他把林则徐叫到跟前，给他讲了一个“急性判官”的故事。

从前有一个判官，由于他非常孝敬父母，所以每次遇到不是孝子的犯人，他就判得特别严。一天，有两个人拉来一个年轻人，要判官严惩。他们说："这个年轻人是个不孝之子，他不仅骂他娘，还动手打她。我们把他捆了起来，可他还是不停地骂，我们就用东西把他的嘴堵住了。像他这样不孝的后生可恨不可恨？"判官一听，被捆的人是个不孝之子，立刻火冒三丈，就喊："来人呀，打这个逆子五十大板。"这个年轻人想开口申辩，可是嘴被堵着，有话也没法说，只好挨了五十大板，屁股被打得血肉模糊。

一会儿，有个老太婆拄着拐杖急匆匆走进来，边哭边焦急地说："请大人救救我们，刚才有两个盗贼溜进我家后院，想偷我的牛。我儿子捉住他们，要送他们到官府来，可是力不从心，两个强盗反把我儿子捆走，不知弄到何处去了。求大人帮忙，赶紧替我找找儿子。我就这么一个孝顺儿子……"判官一听，心里暗想：莫非恶人先告状，我刚才打的就是她的儿子？他忙叫人把那两个捆人的人找来，但他们已溜走了。这时，被打昏过去的年轻人突然呻吟了一声，老太婆一看，正是自己的儿子，就惊叫了一声，昏倒在地，再也爬不起来了。判官一世清白，也因此背了盗贼帮凶的罪名。

聪明的林则徐知道父亲的这个故事是针对他的毛病讲的，便说："我一定好好改一改急躁的毛病。"

林宾日说："我看到你性子急躁，很为你将来担忧。通过这个故事，希望你改正自己的毛病。"

"急性判官"的故事，牢牢记在林则徐的心里。直到几十年后，他做了湖广总督仍然没有忘记父亲讲过的这个故事。为了时时警惕自己性情急躁、容易发怒的毛病，他专门做了一个"制怒"的横匾，挂在自己的书房，时刻提醒着自己。

用理论说服老公：父亲对孩子的影响至关重要

1.父亲影响孩子性别角色的形成

有研究表明，父亲与孩子的相互交往，在与母亲——孩子交往相衬托和对比的情况下，有助于孩子对男性和女性的作用和态度产生理解；这方面如果没有父亲的参与，男孩的男性特征和女孩的女性特征都将因为没有鲜明对比而受到削弱。4岁前不与父亲一起生活的男孩在性别角色上趋于女性化，同时，人生早期失去父爱的女孩，在女性角色的形成上也受到较大的影响。

2. 父亲影响孩子个性品质的形成

由于父亲引导孩子参与的游戏往往具有运动性、技术性和智能性的特点，而且父亲会用他们固有的男性特征，诸如独立性、进取性、合作性、自信心等影响孩子。他们热情、宽厚、敢于冒险、勇于坚持等特征，使孩子在不知不觉中会模仿和学习。这就与孩子从母亲的性别特征中得到诸如关心别人、同情心、温和、善良等方面的潜移默化结合起来，形成孩子较完善的人格基础。

3. 父亲影响孩子认知的发展

孩子经常从母亲那里学到语言、生活知识或物品用途等方面的知识，而父亲经常通过运动操作，诸如修理车辆、机械、使用工具、修整园林等活动，使孩子对动手操作更感兴趣，这就激起儿童的探索精神、想象力、创造性以及求知欲望。有研究发现，父亲与孩子交往的数量与孩子的智商有正相关，也就是说，父亲与孩子的交往数量越多，孩子的智商就越高。研究还发现，早期失去父爱的男孩，在认知方式上趋于女性化，不喜欢抽象思维，而趋向于直观形象思维，看问题比较感性。

4. 父亲对孩子社会行为的影响

父亲与孩子为伴往往能扩大孩子的社会活动范围和社交内容，影响孩子的社交兴趣和需要。这就有助于孩子积累社交经验和社交技能。父亲引导孩子游戏，与之频繁的交往，激起孩子的积极反应和兴趣。这类交往的一个重要特点是双方更多以平等的、有来有往的方式进行，从而有助于孩子理解对方语言、体会对方感情，从而调整自己的行为。在此期间，孩子不但学习了行为准则，而且懂得了许多社会交往技巧。

小贴士

林则徐（1785~1850）字“元抚”，又字“少穆”，晚号“俟村老人”；清朝后期思想家、诗人，鸦片战争时期主张严禁鸦片、抵抗侵略的爱国政治家。史学界称他为近代中国“开眼看世界的第一人”。官至一品，曾任湖广总督、陕甘总督和云贵总督，两次受命钦差大臣；因其主张严禁鸦片、抵抗西方侵略、坚持维护中国主权和民族利益深受全体中国人的敬仰，曾多次粉碎英国人到中国海域进行武装挑衅，其“虎门销烟”之壮举被载入中国史册。

星期二：天气晴

老公总是很忙，很少能陪孩子一起玩，他对孩子的疼爱，好像都寄托在一辆辆崭新的玩具赛车和一次次尚未兑现的旅游承诺上。找了个故事，讲给老公，想告诉他，拿出点时间和孩子一起玩，也许游戏很简单，但玩起来很快乐。

用故事启发老公2：不要吝惜和孩子一起玩的时间

安徒生出生在欧登赛城的贫民窟。父亲是一名贫苦鞋匠，读过不少书。母亲是一名洗衣妇，虽然没受过教育并且有些迷信，但却引导安徒生进入了民间传说的世界。

他的父亲以修鞋为生，干活虽然很累，但他并没有忽略自己的孩子。他常常在干完活之后，领着安徒生去散步，一边走在小路上，一边给他讲欧登王城堡的故事，讲自己小时候吃的苦头，讲那些穷苦人的故事。小安徒生总是仰着脖子睁大眼睛，专注地听父亲那些或者有趣或者凄惨的故事，并为他们高兴和难过。父亲深深明白穷苦的家庭不能给儿子提供什么好的玩具，看着小安徒生天真渴求的眼睛，他常常感到很内疚。有一天，他在做活时剩下了一块木头，顿时想到可以给孩子做些小玩意啊！他找来工具，又刨又砍又削，然后尽力地精雕细琢一番，花了好一番工夫，几个虽然粗糙却有趣的木偶就这样“问世”了！小安徒生看了，激动得手舞足蹈。父亲对他说：“还可以把他们弄得更有趣一些啊！你去跟妈妈要点她用不着的零碎布片来，咱们给这些木偶缝制几件衣服穿，好不好？”

小安徒生听了，拍手叫道：“好啊好啊！我这就去！”他兴冲冲地跑到妈妈那儿去，在妈妈的帮助下，笨手笨脚地给小木偶们各自缝了一套衣服，并且细心地替他们穿好。父亲又对他说：“你看看，他们像不像几个演员？咱们玩‘演戏’的游戏怎么样？”他找来一张桌子当做舞台，找来妈妈的头巾当幕布，还找来一本名叫《荷尔堡》的戏剧故事书做剧本，就这样，父子两人兴高采烈地演起戏来。他们头碰头地背台词，争执着该用什么样的表情和动作，简直把自己当作了专业演员一样。爸爸滑稽的动作把小安徒生逗笑得东倒西歪，根本演不下去了！妈妈这时也情不自禁放下手里的活，来当他们的观众。隔壁的邻居们也被吸引来了，都笑这爷俩真是疯了！

从此以后，安徒生就迷上了故事，迷上了演戏。那些虚构的人物和情节对他来说，就像挪威古老神秘的森林一样吸引着他。为了演好戏，为了了解更多的故事，他疯狂地喜爱看书。这对他以后的童话创作产生了很大的影响。

用理论说服老公：要做个称职的爸爸

称职爸爸需要具备四个素质。

心理医生在考察了一些家庭教育较为成功的家庭后认为：“父亲在培育儿女上的作用不可替代，他们有着特殊的力量。”根据专家们的意见，称职的父亲应该同时具备以下四种素质：

素质一：善于对孩子表达爱心。许多孩子都“希望爸爸能对我说或向我表明他真的爱我”。事实上，不少孩子甚至成年子女都希望父亲能把对自己的爱表达出来。因为，爱的表达能赋予孩子信心和勇气。不善言语表达的父亲可以通过特殊的方法做到这一点，把爱意留在便笺上、卡片上或写成字条贴在孩子用的抽屉上，或在游戏中给孩子一些爱的暗示。

素质二：愿意抽时间与孩子共度。父亲能给予孩子的两样最珍贵的东西，除了爱心，那就是时间了。偏偏这两样，对男人们来说都不太容易“出手”。孩子相当一段时间里，是以游戏的方式来认识世界、学习道理、体味情感的，如果父亲不善于和孩子一起玩，就错失了很多教育良机。

素质三：能够用儿童眼光看世界。父亲们还要记住：好奇和幻想是儿童的天性。儿童的兴趣和成年人也是不同的。要认识到与孩子在一起玩，最好放弃“事情本来应该怎样”的先入之见，用孩子的眼光排演出的戏剧，往往比预想的要精彩得多。

素质四:有力量设立“限制”。专家们认为:“限制”是爱的基本方式之一，只要纪律执行得坚决、合理而又从爱护出发，孩子最终会心悦诚服并从中受益。合理的限制不仅孩子需要，也是他们欢迎的。反之，对孩子放弃“限制”的父母最终不得不求助于惩罚。儿童问题专家阐述惩罚与限制的区别时说：惩罚是你不得已对付孩子而使用的方式，而限制则是事前告诉他的，它也可能涉及惩罚，但有着明确无误的、出于爱的目的。即使体罚，只要是按“章程”执行，孩子也不像被父母乱打乱骂一顿那样愤愤不平。

小贴士

汉斯·克里斯蒂安·安徒生（1805~1875）世界闻名的丹麦童话作家，他创作出的童话故事如《海的女儿》、《卖火柴的小女孩》等不仅受到全世界儿童的热烈喜爱，而且对许多成年人同样具有重大魅力。

星期三　多云

孩子有一大堆稀奇古怪的想法，离奇怪异的问题，比如说，孩子高兴的时候会即兴创编克隆人大战孙悟空的故事，当孩子兴致勃勃地把他的“荒唐大梦”讲给他老爸听的时候，要么被漫不经心地敷衍，要么得到“发神经啊”的评价。仿佛只有“1 加5是不是等于6”这样的问题，才会得到爸爸的认可和夸奖。

用故事启发老公3：不要忽视孩子的想象力和创造力

达尔文在八岁时丧母，一切教导都是要靠他的父亲，所以，他对父亲的印象深刻而良好。达尔文尊敬他的父亲，达到极点；他对于世界上任何事情都要下公允的判断，唯独对他父亲的主张，常常深信不疑。达尔文在他的《回忆录》里，称赞他的父亲有观察力、有同情心、有判断力；而且性情谨慎，善于经营；对于儿女们最大的赐予是道德上的模范。他那句训话："你所不尊敬的人，勿和他做朋友"，达尔文终身不忘。

达尔文七八岁的时候，在同学中的人缘很不好，因为同学们认为他经常"说谎"。比如，他捡到了一块奇形怪状的石头，就会煞有介事地对同学们说："这是一枚宝石，可能价值连城。"同学们哄堂大笑，可是他却并不在意，继续对身边的东西发表类似的另类看法。还有一次，他向同学们保证说，他能够用一种"秘密液体"，制成各式各样颜色的西洋樱草和报春花。但是，他从来就没有做过这样的试验。久而久之，老师也觉得他很爱"说谎"，把他的问题反映到了达尔文的父亲那里。父亲听了，却不认为达尔文是在撒谎，而是在想象。

有一次，达尔文在泥地里捡到了一枚硬币，他神秘兮兮地拿给他的姐姐看，并一本正经地说："这是一枚古罗马硬币。"姐姐接过来一看，发现这分明是一枚十分普通的十八世纪的旧币，只是由于受潮生锈，显得有些古旧罢了。对达尔文"说谎"，姐姐很是恼火，便把这件事告诉了父亲，希望父亲好好教训他一顿，让他改掉令人讨厌的"说谎"习惯。可是父亲听了以后，并没有在意，他把女儿叫过来对她说："这怎么能算是撒谎呢？这正说明了他有丰富的想象力。说不定有一天他会把这种想象力用到事业上去呢！"

达尔文的父亲还把花园里的一间小棚子交给达尔文和他的哥哥，让他们自由地做化学试验，以便使孩子们的智力得到更好的发展。达尔文十岁的时候，父亲还让他跟着老师和同学到威尔士海岸去度过了三周的假期。达尔文在那里大开眼界，观察和采集了大量海生动物的标本，由此激发了他采集动植物标本的爱好和兴趣。没有好奇心，没有想象力，就没有今天的“进化论”。而达尔文的父亲最成功之处就在于特别注意呵呵护儿子的想象力和好奇心。

用道理说服老公：掌握捕捉孩子创意的诀窍

1. 别小看孩子的逻辑思考

心理学家皮亚杰曾经说过：孩子拥有一套独立的思考体系，只是成人不太了解他们而已。所以当孩子说：电灯是因为萤火虫躲在里面，才会发亮时，千万别斥责他，也许听听他为什么这么想，或者分享他的神思妙想，会是一种很不错的感觉。就如同被邻居取笑为乡下野孩子的牛顿，不也是躲在苹果树下胡思乱想，才发现了“地心引力”的吗？

2. “有耳无嘴”打击孩子创造力

当中国的孩子真是辛苦，因为父母常会请他们关闭小嘴巴。可能吗？除非这些孩子经年累月用胶带封住嘴巴，否则绝不可能。既然如此，何不让他们有耳朵也有嘴巴地畅所欲言，并与他们一起做梦呢？

也许他会告诉你，他看到一条“像大象那般大的狗”，或者一辆两层楼高的汽车，或者只有20厘米高的小矮人等等，这些想法不是挺好玩的吗？

3. 和孩子玩游戏的时间不能省

经常和孩子玩玩“优点轰炸”游戏，让他们尽可能发现家人的优点。“智慧之语”则是另一个可以常玩的活动，家中的每一个人，轮流说出自己认为的最有智慧的话，例如：“爱就是帮助小狗洗澡”、“妈妈是天上的星星”、“小杰人小胆大心善良”等等。“小小演说家”，也是相当有创意的游戏，让孩子随兴地针对某一主题，发表心中的想法；“看图说故事”也不错，图可以自己画，或者画报上有的，图画书上有的，只要你觉得那张图很有趣就可以拿来做说故事的题材。你还有其他创意的游戏吗？当然有，只要你想得到，孩子愿意参与，拿出点时间和孩子一起做，就会创造出不可多得的好游戏。

4. 暂缓对孩子的看法下判断

即使孩子的说法，你有一百个不同意，也应该“暂缓”下判断，或者给予不留情的批判，毕竟那种方式只有杀伤力而已，别无他利可言。此外还应该多问孩子一些“为什么？”“你认为呢？”让他有机会多思考，有机会表达自己的看法。

5. 错了没关系，再来一次

就如同爱迪生、爱因斯坦、牛顿一样，他们也都是经过一次次的历练、挣扎才成功的。

有些小孩子小时候曾因为想了解“火”的妙用，而大肆实验各式各样的“火”具，从火柴烧到打火机，再从打火机玩到煤气灶，后来连楼梯口的灭火器也想试一试，最后当然是烫着了自己。这就是尝试错误，一种让自己懂得“不应该”怎样做的过程。也许父母会说：这不是很危险吗？因此，孩子在尝试各种事情时，你最好让孩子保持在你的视线范围之内比较好。

6. 别怕被孩子的点子骚扰

古人云：“有钱能使鬼推磨。”可是，现在却有人说：有了鼓励，要让孩子推推“智慧之磨”，也不是难事。也许你曾有过这样的经验，例如经常面露微笑地告诉孩子：“你真聪明，居然能想出这个方法。”之后，孩子往往会变成一位十足的喜欢献计献策的“智谋家”，这就是鼓励——一种能让孩子好好推动智慧之磨的高招。你能不用吗？

心理学家证明，有创意的孩子，通常来自于饱受孩子“点子”侵扰、但却能从中证实甘之如饴的家庭。

小贴士

查尔斯·罗伯特·达尔文（1809~1882），英国博物学家，进化论的奠基人。1859年出版了震撼当时学术界的《物种起源》，提出了“物竞天择适者生存”的生物进化论学说，从而摧毁了各种唯心的神造论和物种不变论。进化论也被誉为19世纪自然科学的三大发现之一。

星期四　多云转晴

老公总爱在孩子不遂他愿的时候板着脸，仿佛儿子是他的产物，必须遵从他的意志，“你应该有个远大的理想”，是他经常对孩子说的。严父慈母的观念在他脑子里根深蒂固。他的宽松是孩子的小事可以一概不管，而他的严厉则体现在对孩子学业的要求上，重点校，就是他认为的成功和事关面子的重大问题。

用故事启发老公4：宽松的父亲也能培养出好儿女

我们很难想象，曾获“台湾十大杰出青年”（1985）称号、创办卡通公司、漫画著作等身的蔡志忠，竟然连中学都没有读完！蔡志忠的成功秘诀到底是什么呢？当然，这是因为蔡志忠有很强的自信心，很早就发现自我，当他确定目标以后，在探索的道路上以顽强的毅力不断实现自我，超越自我。但仅有这些是不够的，很重要的原因是，蔡志忠自小就生活在自由宽松的家庭环境中，他有一位面严心慈，“宽松”育儿的好爸爸。

蔡志忠的爸爸称得上是民间书法家，他的书法在彰化县赫赫有名：钢笔字苍劲有力，毛笔字行云流水。逢年过节，蔡家向来门庭若市，来求字的人络绎不绝。按一般农村人的观念，父亲写一手好字，子女不跟着学点实在可惜。但蔡家孩子包括蔡志忠似乎对书法一点也不感兴趣，父亲也没有逼着子女学书法，去继承父业，也没有要求子女至少有一点同自己一样的爱好。甚至父亲还常对蔡志忠谈起，能写一手好字事实上无多大用处。

蔡爸爸是个“宽松”的父亲，他一向放任孩子去做自己想做的事，绝不会按自己的意愿设置一个目标，让孩子从小为之而奋斗。作为一名漫画家，首先要具备的是幽默感和丰富的想象力，蔡志忠的“漫”感正与他童年“宽松”的父教息息相关！

蔡志忠自小是父亲在邻里炫耀的宝贝儿子，小学毕业的时候，成了全校唯一考上第一志愿——彰化中学的学生。这下可把父亲乐坏了，似乎比蔡志忠还兴奋。父亲特地给志忠买了一个白色大书包，在上面用毛笔自豪地写下："彰化中学"，这恐怕是蔡志忠的父亲一生中难得的得意之作了。

蔡志忠刚上彰化中学时，正赶上学校的改建，功课压力又不大，每天只上半天课。这下可好，蔡志忠一有空就直扑漫画书店，一看就是大半天。回到家里，不是看漫画，就是自己画漫画。蔡志忠的绝大部分时间都被漫画"勾"走了，用在功课上的时间很少。结果，英文第一学期才考三十几分，代数才勉强及格，等到第二学期结束，代数也挂了"红灯"。以前考92分回家就大哭的蔡志忠，遭到了留级的惩罚。

这恐怕是蔡志忠人生第一次大挫折，父亲当然十分失望，也免不了责骂他几句。但父亲并没有终日紧盯着儿子，逼迫蔡志忠用功读书。父亲也明白志忠不是没有资质，只是儿子对漫画的狂热，妨碍了他在学业上的专心。按常理说，作为父亲这时候会把儿子的漫画书全部没收，并禁止其画漫画，但蔡志忠的父亲没有采取这种强权的方式，在生气之余采用了静观的态度。

上了中学，蔡志忠在大量阅读的基础上尝试自编脚本，画成作品，投到台北出版社，被采用的机率颇高。就在知道要留级的那年暑假，台北一家漫画出版社写信邀请他去给他们画漫画。那天晚上，父亲像平常一样，坐在藤椅上看报。蔡志忠忐忑不安地走到父亲身后，轻声说："爸，我明天要到台北去画漫画。"父亲没有抬头，边看报边问蔡志忠："有工作了吗？""有了！""那就去吧！"这一问一答中，父亲一动也没动，继续看他的报，也没有回头看蔡志忠，蔡志忠也没有走到父亲面前。

或许蔡志忠和父亲未曾想到，这短短的十来秒钟对话，却成了影响蔡志忠长远一生的最重要的时刻。从中我们可以体会出淡泊而又充分信任的中国式的父子之情。

用道理说服老公4：要尊重我们唯一的孩子

1. 不要光说不做

如果你不健忘的话，一定要记得自己曾经三令五申"对别人要有礼貌"、"少看电视多看看课外书"、"务必谦虚，不能自大骄傲"只要你经常提醒，孩子都能遵照执行。

不过，颇有讽刺意味的是，父母竟然是这项规则的叛逆者。他们不仅无法礼貌地和孩子说话，很少有在空余时间读书看报的习惯，更喜欢吹牛讲大话。你说这种光说不做的教育原则，孩子能不愤怒，能不无所适从吗？

2.不要严辞以对

大多数父母都知道，严厉而无理的态度是人际关系的一大障碍，必须时时加以警惕。然而如果对象是自己的孩子时，却又常常不自觉地陷入这种困境中。

举例来说吧，如果你的朋友到家里做客，不慎摔碎一只你最喜欢的碗时，相信你的反应一定是："没关系，没关系，岁岁（碎碎）平安"，但如果"凶手"是你的孩子，想必就没那么轻松可以过关了。纵然你不会将他毒打一顿，想必也会刻薄地说：你缺手缺脚啊。这种毫不顾及孩子自尊的咆哮，最终只会徒增孩子的变异行为，绝无什么益处。

3.不要吹毛求疵

不论乡野村夫，抑或大科学家，都免不了具有让自己的子孙成龙成凤的愿望。然而成龙成凤，并不等于"完美"，并不等于"圣贤"，或许父母也知道这种道理，但却常不自由自主地做了"对等"的联想。于是当孩子没把地板拖干净的时候，你会说："你没长眼睛吗？那么多灰尘，难道看不见吗？"当孩子考了93分时，你又会说："人家小明考98分啊，你丢不丢脸啊！"谁都会相信你的出发点绝对出于"爱"。不过，如果你的说词能改成："哦！地板拖得蛮干净嘛！当然角落那里的灰尘能弄干净那就会更好了。"这种评语是不是好多了呢？此外，也请别忘了，孩子也是人，一个不折不扣的"小"人儿，而非兼具神能的天仙。

4.不要强迫孩子

曾有过一个有趣心理治疗的小个案，他对"星期"的概念真是绝无仅有的与众不同——弹钢琴是星期一；学电脑是星期二；练绘画是星期三……只要妈妈提到弹钢琴，他便知道今天是星期一了。长此以往的结果，便成了有心理疾病的小病人。

从蔡志忠的故事看来，不妨尊重孩子的品位与喜好，一味地"强拉牛吃草”，多半只会为孩子带来更为艰辛的未来。让他们尽兴地奔驰在人生的大草原上吧！也许这其间，他们经历挫败、受伤与气馁，但那终究是难以避免的过程，只要你能把握“引导”而非“指导”，“批评”而非“批判”的原则，他们才会有机会走完荆棘，迈向光明。最后，请你别忘了，孩子虽“小”，但依然是“人”，你除了应给与必要的尊重与接纳外，尤须谨记以“待人”的方式待他。

小贴士

蔡志忠（1948~），台湾彰化人，人称“少年英才”，从15岁开始就成为一个职业漫画家了，蔡志忠创作的漫画特幽默，特风趣，不拘一格，观赏性极强。尤其是他开创了“中国古籍漫画”先河，他的作品《自然的箫声——庄子说》、《老子说》、《孔子说》、《禅说》风行世界，流行至今，深受广大老百姓的喜爱。

星期五　天气阴

今天在杂志上看到如果和孩子一起逛街，路遇乞丐，到底要不要给钱的争论，其中有这么一段话，觉得很有道理。

孟子说“老吾老，及人之老；幼吾幼，及人之幼”，这是做人的基准。为人父母者不光自己要做到，也要让孩子领悟到。不要因为你被欺骗过，便怀疑所有的人；不要因为你以为很了解真相，便随意地抹杀了孩子与生俱来的同情心。要明白即便是一个滥施同情的人也远比一个薄情寡义的人可爱得多，而爸爸们如果真的想成为孩子心目中一个高大的智者，则首先应该成为一个仁者。

用故事启发老公5：培养孩子成为仁者

我还是少年的时候，父亲曾带我排队买票看马戏。排了老半天，终于在我们和票口之间只隔着一个家庭。这个家庭让我印象深刻：他们有八个在十二岁之下的小孩。他们穿着便宜的衣服，看来虽然没有什么钱，但全身干干净净的，举止很乖巧。排队的时候，他们两个排成一排，手牵手跟在父母的身后。他们很兴奋地叽叽喳喳谈论着小丑、大象之类的，今晚必是这些孩子们生活中最快乐的时刻了。

他们的父母亲神气地站在一排人的最前端。这个母亲挽着父亲的手，看着她的丈夫，好像在说："你真像个佩着光荣勋章的骑士。"而沐浴在骄傲中的他也微笑着，凝视着他的妻子，好像在回答："没错，我就是你说的那个样子。"

卖票的女郎问这个父亲，他要多少张票？他神气地回答："请给我八张小孩票两张大人票，我带了全家人来看马戏。"

售票员开出了价格。

这人的妻子别过头，把脸垂得低低的。这个父亲嘴唇颤抖了，他倾身向前，问："你刚刚说是多少钱？"

售票员又报了一次价格。

这人的钱显然不够。

但他怎能转身告诉那八个兴致勃勃的小孩，他没有足够的钱带他们看马戏呢？

我的父亲目睹了一切。他悄悄地把手伸进口袋，把一张二十元的钞票拉出来，让它掉在地上（事实上，我们一点也不富有）。他又蹲下来，捡起钞票，拍拍那人的肩膀，说："对不起，先生，这是你口袋里掉出来的！"

这人当然知道原因。他并没有乞求任何人伸出援手，但深深地感激有人在他绝望、心碎、困窘的时刻帮了这个大忙。他直视着我父亲的眼睛，用双手握住我父亲的手，把那张二十元的钞票紧紧压在中间，他的嘴唇发抖着，泪水忽然滑落他的脸颊，"谢谢，谢谢您，先生。这对我和我的家庭意义重大。"

父亲和我回头跳上我们的车回家。那晚我并没有进去看马戏团的表演，但我们并没有徒劳而返。

用道理说服老公5：培养孩子的恻隐之心

也许爸爸们对这样的说法，早已颇有同感，但一提及具体的做法时，又会一脸茫然，你也有如此的困扰吗？何妨以下述作为蓝图和实施架构呢！

1. 以身作则

布朗克斯儿童心理中心（Bronx children’s psychiatric center），临床主任克兰兹勒博士（Harvey Kranzler）将培养孩子的恻隐之心这句话解释为："光开支票是不够的，你必须做孩子的模范。"例如看到可怜的流浪汉时，你能够很快地取出私囊帮助对方；当动物园举办认养宠物活动时，你也能率先参与。

除此之外，还应在百忙之中抽时间陪自己的父母亲（孩子的爷爷奶奶、外公外婆）散散步、聊聊天、看看电视或举行家庭旅游。唯有这样积极发挥爱心，孩子才有机会真正学得慈悲胸怀。

2. 让孩子亲自参与

单单以身作则自然还是不够的，临床心理学家舒尔曼（Michad Schulman）认为，尽早让孩子亲自参与更为重要。可别以为孩子绝无机会哦！例如你帮邻居家搬东西的时候，孩子便可以从旁协助你；当社会发起捐助活动的时候，也可以鼓励孩子发挥爱心、量力捐款；同样的道理，让他们和贫困地区的孩子结对子，也是可行之道。

3. 给予适时的鼓励

不论孩子表现出来的道德行为是出于你的安排，还是他心有所悟的表现，都应该给予合理的赞美，即使只是摸摸头，或微笑一下，或口头称赞都好，让他清楚地明白，这些行为是深受家人喜欢的。

4. 分享孩子的感受

"倾听"这两个字，不管用于沟通、委屈诉说，还是孩子说故事，都是相当迷人的词汇。尤其是当他表现一种对社会有益的行为时，倾听更具有意义。因为此刻的孩子会希望父母与他一起分享。给他机会吧！毕竟你实在无法凭想象知道，他为什么会参与某些活动，并且在活动过程中又会碰到哪些有趣的故事，不妨洗耳恭听吧！

5. 与孩子讨论解决问题之道

你可以尝试指出一些可能的情境，如在路上碰到一个无家可归的小女孩，让他想一想可能的解决方法，并说出其中的理由。也许他会告诉你，干脆带她回来住，或每天送一份快餐给她，甚至帮她找着妈妈等，无论孩子提出来的方法可不可行，至少他都已体会到了人必须互相帮助的道理，不是吗？

最后，还需提醒的一点是，恻隐之心是孩子不可多得的好行为，但也要尽可能地引导孩子在现实与理想之间取得适宜的平衡点。

星期六　中雨

如果选对了片子，切中了主题，那看电影就不再是一种消遣，而是一次生动活泼的教育机会呢。今天用《美丽人生》的故事给老公上一课。

剧情介绍：

1939年，第二次世界大战的阴云笼罩着整个意大利。圭多是一个外表看似笨拙，但心地善良憨厚而且生性乐观的犹太青年。他对生活充满了美好的向往。他和好友菲鲁乔驾着一辆破车从乡间来到阿雷佐小镇，他的愿望是在小镇开一家属于自己的书店，过上与世无争的安逸生活。途经一座谷仓塔楼时，年轻漂亮的姑娘多拉突然从塔楼上跌落到他的怀中，原来塔楼上有个黄蜂窝，黄蜂经常骚扰当地居民。多拉想为民除害，烧掉黄蜂窝，反被黄蜂蜇伤。圭多立刻对她产生了好感，热情地为她处理伤口，为表示谢意，多拉送了一些鸡蛋给圭多，意味深长地目送他远去。

阴云密布的意大利，纳粹的反动势力日

益强大，墨索里尼推行强硬的种族歧视政策，圭多因有犹太血统，他开书店的申请屡遭阻挠，得不到批准。好友菲鲁乔的工作也久无着落。

由于生活所迫，圭多只好在一家饭店当服务员，他以真诚、纯朴、热情周到的服务态度赢得了顾客们的喜爱。

一次，圭多骑车上班无意中撞倒了多拉，两人再次邂逅燃起了圭多心中爱情的火焰。他不失时机地向多拉表白爱慕之情。

多拉是某学校的教师，有一天从罗马来的督学要到学校视察，圭多得知后，竟冒充督学来到多拉所在学校视察。校长热情地接待他，为取悦多拉，引起多拉的注意，圭多索性跳上讲台施展起喜剧演员的才华，惹得学生开怀大笑，令校长和教师瞠目结舌。

圭多得知多拉和男友鲁道夫要去剧院看歌剧，他也买票前往，坐在楼下的圭多始终目不转睛地盯着楼上包厢里的多拉。起初多拉对圭多的苦苦追求并不在意，但是由于多拉讨厌鲁道夫，因此常和圭多在一起。鲁道夫一厢情愿地举办和多拉的订婚晚会。晚会正巧安排在圭多所在的饭店。圭多巧妙地使多拉摆脱了鲁道夫的纠缠，因此赢得了她的芳心。多拉不惜跟父母闹翻，离家出走，嫁给了圭多。

婚后，好事接踵而来，圭多梦寐以求的书店开业了，他们有了个乖巧可爱的儿子乔舒亚。圭多闲来无事时常和儿子玩游戏，一家人生活得幸福美满。可是好日子没过上几年，在乔舒亚五岁生日这天，纳粹分子抓走了圭多和乔舒亚父子，强行把他们送往犹太人集中营。当多拉和乔舒亚的外祖母兴冲冲地回到家里，只见人去楼空，家里被翻得乱七八糟，多拉明白了眼前所发生的一切。她虽没有犹太血统，但她坚持要求和丈夫、儿子一同前往集中营，多拉被关在女牢里，圭多不愿意让儿子幼小的心灵从此蒙上悲惨的阴影。在惨无人道的集中营里，圭多一方面千方百计找机会和女监里的妻子取得联系，向多拉报平安，一方面又要保护和照顾幼小的乔舒亚，他哄骗儿子这是在玩一场游戏，遵守游戏规则的人最终能获得一辆真正的坦克回家。天真好奇的儿子对圭多的话信以为真，他多么想要一辆坦克车呀！乔舒亚强忍了饥饿、恐惧、寂寞和一切恶劣的环境。圭多以游戏的方式让儿子的童心没有受到任何伤害。

当解放来临之际，一天深夜纳粹准备逃走，圭多将儿子藏在一个铁柜里，千叮咛万嘱咐让乔舒亚不要出来，他打算趁乱到女牢去救妻子多拉，但不幸的是他被纳粹发现，当纳粹押着圭多经过乔舒亚的铁柜时，他还乐观地、大步地走去，暗示儿子不要出来，但不久，就听见一声枪响，历经磨难的圭多惨死在德国纳粹的枪口下。

天亮了，乔舒亚从铁柜里爬出来，站在院子里，这时一辆真的坦克车隆隆地开到他的面前，上面下来一个美军士兵，将他抱上坦克。乔舒亚面对着坦克，喃喃："我真的赢了一辆坦克！"

在回家的路上，乔舒亚看到了妈妈。他从坦克上下来，和妈妈紧紧地抱在一起："妈妈，我们赢了！1000分，真高兴！这一切都来自于爸爸的赐予！我们可以坐坦克回家了！"

影片启示：做真正的男子汉

影片男主人公圭多是一个有责任感的男人，在去往集中营的路上，年幼的孩子询问父亲这是要去哪里时，父亲笑着回答，这是一个生日惊喜，因此旅行的地点是秘密。所有呈现在孩子眼前的黑暗都被父亲变成了美好，所有的真实都成了一个谎言，于是进入集中营是为了参加一个游戏，每天可以获得积分，积满了1000分可以得到一辆真正的坦克。所有战争的规则都被父亲变成了游戏规则，传达给孩子。他一刻也没有忘记呵护自己的儿子，在他心中亲情和爱情就是他的全部生命，他用善良的谎言，"欺骗"儿子说游戏规则是不能哭、不能闹、不能想妈妈，积分够了就可以得到一辆真坦克，儿子信以为真。所以最后圭多在被处死之前向藏在铁箱中的儿子摆出小丑般的走路姿势，也是为了不让儿子害怕，并且快乐的走向死亡，他不惜牺牲自己的生命来保全儿子，体现了伟大的父爱。当孩子走出铁箱，看到巨型的坦克停在他面前时，他不由得欢呼起来："一辆真的坦克！爸爸，我们赢了！"父亲用生命编织了一个谎言，来保护孩子美好的童真。

同样是为人父母，相信我们每一个人在孩子降临到这世界的一瞬间都会祈盼和平盛世。曾经，我尝试过以影片中圭多的处境去凝视孩子幼小清澈的眼眸，试图体会他当时的内心世界：对美好生活的希冀被突如其来的灾难粉碎，他该如何继续扮演父亲的角色。尽管我有所准备和预料，可是，当那些情感的潮水或者甚至可以说是洪流袭来时，我仍然——无以名状、无言以对。不公、愤恨、挣扎、强忍、勇气、直面、希望、付出，等等，等等。其中，最令人赞赏的便是“勇气”，而最难挖掘的依旧是“勇气”。勇气，使圭多大胆地编造了一个虚构的游戏，企图把儿子幼嫩的心灵和这场战争的残酷和荒谬隔离开来，给他一个对美好生活的憧憬和追求的希望。有希望就有未来，这个道理我们都懂。

圭多不是世俗眼中成功地大男人，但他绝对是个好丈夫和好父亲。

星期日　天气晴

很多时候，家长给孩子的关心过分了，也有很多时候，孩子的叛逆表现为对家长关心的不理解，甚至曲解、反抗。电影《来不及爱你》里的父亲是因为身体有病，对孩子爱得过分了，现实生活中，身体健康的老公对孩子的爱有时也常常过分，通过片子，我要和他一起反思，我们“病”在哪呢?

剧情介绍：把爱孩子进行到底

《来不及爱你》讲述了一位患了癌症的父亲与女儿之间朴素而又真挚的情感。父亲刘建设，一位40多岁的普通市民，为人忠厚淳朴，待人谦和礼让，内心深处虽充满了成为英雄的渴望，却从来不曾有过什么壮举。他17年前丧偶，独自一人拉扯着女儿黄心仪过着平常而普通的生活。

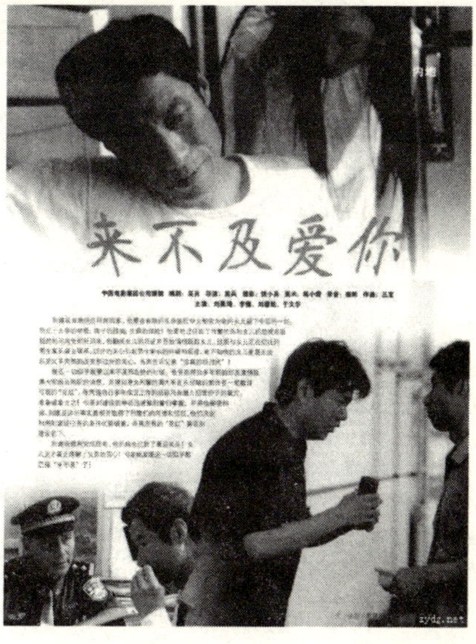

正当他碌碌无为地活到不惑之年之际，单位认为他已经不能胜任保卫干部的职务，让他待岗，回家休息。这时他突然得知自己身患绝症……父亲

希望在最后的时光里给女儿最多的爱，为了不影响即将参加高考的女儿的情绪，他默默忍受着身体上的痛苦，要为相依为命的女儿留下今后的一切，甚至把本该治病的钱都留下来给她，包括：上大学的学费、房子的按揭、生病的保险……还有：他希望知道女儿在跟什么样的男孩交往……

突然有了很多空闲时间的刘建设，似乎要把以往因工作繁忙而对女儿的忽视在很短的时间内全部补回来，他翻阅女儿的日记，并开始悄悄地跟踪女儿，并试图与女儿正在交往的男生家长建立联系，过分的关心甚至引起了男生家长的怀疑和反感……

一次偶然的机会，刘建设遇到了在公安局工作的多年不见的好朋友满大军。此前二人因喜欢上了同一个女人而分道扬镳，多年没有来往。这次会面后不久，满大军就因调查一起假钞案以身殉职。刘建设为了给这个朋友报仇，也为了能够得到高额的奖金使女儿今后的生活有所保障，铤而走险和假钞集团接触，希望能将他们一网打尽，却被公安机关当做犯罪人员带回问话。当他说出自己私下找犯罪集团的目的时，在场的人民警察愕然了。

毫不知情的女儿无法忍受父亲的改变和过分的关心，擅自做主报考了外地的大学。刘建设凭借自己多年保卫工作的经验，只身潜入犯罪分子的巢穴，破案立功，成为了英雄。最后，他带着微笑离开了人世。女儿没有辜负父亲的希望，如愿考上了大学。但是，她怎么也抹不去心头的那一份深深的懊悔和遗憾。

影片启示：父爱原来也同样伟大

父亲为了给自己的女儿准备以后上大学的钱和生活费，把仅剩一个月的生命再次缩短，执行了一次特殊的任务，得到了那笔奖金给女儿备用，正处在成长叛逆时期面临高考的女儿，总是把父亲的关心当做是唠叨，会怀疑父亲偷看她的日记，会讨厌父亲骑车跟踪，会讨厌父亲的寒碜……

她不知道父亲跟在她后面是为了多看她一眼，不知道父亲一瓶水都舍不得买是为她存钱，不知道父亲唠叨是让她知道以后该怎么生活，以后将不会有人再提醒她该怎么做，不知道父亲没舍得买水而买哈根达斯给她吃是多么爱她，不知道父亲帮她把抽屉锁上是给她足够的自由空间而不是要侵犯她的隐私，不知道父亲偷偷转过去掉的眼泪……不知道，她不知道的有很多，当她拿着刀知道撬开却怎么也撬不开她歪着小脸怀疑父亲会故意上不紧的锁扣时，爸爸已经走了，她哭了，坐在地上哭，父亲的遗言：如果你真的爱爸爸，你就要微笑着面对这一切……我能做的只有这么多了……

很多事情，只有失去才懂得珍惜。当你生命走到尽头，我却感觉不到它的来临；当你关心我时，我却把你的爱当成严厉；当你躺在病床上时，我才知道你的重要；当你离去时，我却只剩下眼泪，因为来不及爱你……

很多事情都以这样的悲剧收场，刘建设对女儿过分的爱，是在生命边缘的奋力挣扎，值得理解，我们对孩子过分的爱是源于什么呢？难道我们也真的病了？

相关链接：

并不张扬的父爱让我力量倍增

父亲像平凡的人一样平凡，父亲像伟大的人一样伟大。父亲夏天，是一棵大树；冬天，是一盆火炉。

父亲节快到了，宿舍的好友们都在谈论着自己的父亲。在热闹嚷嚷的氛围中似乎因为我的安静而显得不协调。

是的，谈到父亲，我“无话可说”。我的父亲不像A的父亲一般，为了她的大学生活费砍光了整座山的树；我的父亲也没有像B的父亲那样，顶着烈日冒着风雨地骑着摩托车在大街小巷中载客……父亲他只是“俯首甘为孺子牛”默默地毫无怨言地支撑着家；父亲他只是“细水长流”地用他那深沉的爱伴随着我成长。

如果非要我比较父母的爱，那么，母爱就像白天的太阳一样暖和，亲昵，甚至有时热烘烘的，有点儿腻人，但却让我感到了很多的真实，可父爱就虚无缥缈多了，甚至有时根本感觉不到，就像风，只闻其声，不见其形。可在我看来，那是一种毫不张扬，默默的，深沉的爱。

尽管对父亲我有着一种不可言喻的恐惧感，但是，我心中的父亲是伟大的，他的一颦一笑，一言一语，每一个动作都让我的心灵受到极大的震撼。在我的年少的记忆中，就有一个人，总是走在我的前面，用他自己崇高的思想和行为教育我，启迪我，指引我走上人生之路，他——就是我的父亲。他从那一刻起，就寄予了我殷切的厚望，他把苍老留在了饱经沧桑的胸膛，而把青春转交给了我，用他那满怀深情的爱，使我在五彩的光环中幸福快乐地成长。如今的我已长大成人，即将迈出大学的门槛加入到社会中，成为为四化贡献力量的一分子。

回忆父亲对我那不求回报的付出，我又一次地“无话可说”。一年年的辛苦工作，使父亲已不复往年的英俊，白发也悄悄爬上了他的头，眼角多了鱼尾纹，皱纹更是毫不留情的为他的年老作了见证……我已无法再掩饰自己心中的那份情感。我爱父亲，爱他的深沉无私，爱他的伟大，爱他的……我真想用我手中的笔把这份深情写下来，可我无法写出来。父爱如山，父爱如海，父爱如火……父爱是世界上最最伟大的情感，是任何一种精言精语都无法描述的。这如海情深，岂能用语言文字表达得了，表达得尽呢？

父亲曾经对我说“人生如纸！我们每个人都在纸上描着画着，只要努力了，画成了大树做栋梁，画成了小草报春晖，都是生命的颜色……”借此机会，我想用尽所有的力气对您——父亲说：“您辛苦了，父亲！我爱您！我会用把您那如山、如海、如火的爱化作百分之一百的激情来努力学习，创造一个属于我们的美好明天，让父亲的这份爱永远陪伴在我身边，给我勇气，给我信心，给我温暖……让父亲为我而骄傲，自豪！”

故事资源库：

名人家教：好爸爸胜过100个教师

俗话说，母爱如水，父爱如山。当母亲含辛茹苦地照顾我们的时候，父亲也在努力地扮演着上帝赋予他的温柔角色。多少年来，人们在歌颂和赞美母亲的同时，并没有忘记父亲的伟大。下面，就让我们来看看世界各地“模范父亲”的故事。

这些好老爸有的默默无闻，但培养出了扬名天下的人才；有的则自己就是世界名人，但在教育孩子方面颇有一套。不管这些故事是令人感动或给人以启发，它们都真实地再现了父亲对孩子深沉的关爱，显示了父亲在孩子成长过程中的巨大影响力！

▲达·芬奇的父亲：充分发展孩子的兴趣

著名画家达·芬奇的父亲彼特罗是一位令人称道的好父亲，他培养孩子的信条就是：给孩子最大的自由，让孩子发展自己的兴趣。

6岁那年，达·芬奇上学了，在学校里学了很多知识，但对绘画最感兴趣。一天，他上课不专心听讲，还给老师画了一幅速写。回家后，达·芬奇把速写给父亲看，父亲不仅没有生气，反而夸奖他画得很好，决定培养他在这方面的才华。

正是因为父亲如此开明，达·芬奇全身心投入到自己喜爱的绘画中，甚至敢专门画画恐吓老爸。一次，他花了一个月时间，在盾牌上画了一个两眼冒火、鼻孔生烟，看起来十分可怕的女妖头。为了把父亲吓一跳，他还关紧窗户，只让一缕光线照到女妖头的脸上。后来，父亲一进家就被盾牌上的画吓坏了，可是等达·芬奇哈哈大笑地解释完，他竟然也没有责备儿子。

16岁那年，父亲把达·芬奇带到画家维罗奇奥那里学画画。在维罗奇奥的指导下，达·芬奇刻苦学习，掌握了很多绘画技巧，终于成为一代大画家。

▲盖茨的父亲：让孩子从小懂得凭本事挣钱

世界软件业巨头——微软公司的老总比尔·盖茨出身于美国西雅图一个富裕的律师家庭，他父亲威廉很注重从小培养他“凭本事打拼”的意识。

威廉说：“重要的是要让孩子知道自己能够赚钱，并且不管做什么事情都要有信心和干劲。”盖茨帮家里做事情，父亲总是给予一点小报酬，以此激发他的热情，让他懂得工作是通往幸福的台阶。威廉表示，这样做可以让孩子了解现实社会和外部世界，也可以让孩子了解大家一起劳动，一起追求同一目标的快乐。

上私立高中时，盖茨就和朋友一起开发了计算市内交通量的软件，并在竞争中取胜，签订了一份数额不小的合同。后来，学校的负责人雇用他们编制教学计划，盖茨还与人合作，编写了企业的工资系统用的程序。威廉夸奖说：“盖茨是通过劳动获取报酬的。”

▲列夫·托尔斯泰：用鹅毛笔为孩子读物描图

俄国文学家列夫·托尔斯泰十分注意培养孩子的学习兴趣，他常常抽时间给孩子们讲故事、绘画，回答他们提出的各种问题。

托尔斯泰从不给孩子强行灌输知识，而是根据孩子们的爱好和兴趣为他们服务。有一段时间，孩子们对作家儒勒·凡尔纳的作品很感兴趣，托尔斯泰就一本又一本地讲给他们听。

后来，他发现《环球旅游80天》这本书没有插图，为了帮助孩子们理解故事情节，他竟然每天晚上用鹅毛笔亲自为该书描制插图。托尔斯泰的时间是宝贵的，但是他认为，把时间花在提高孩子的学习兴趣、激发孩子的求知欲方面是值得的。

▲莫扎特的父亲：不惜放弃工作培养孩子

奥地利作曲家莫扎特小时候被无数人誉为“神童”，他的许多作品一直是古典音乐中经久不衰的保留曲目。但是，莫扎特有如此成就是与他父亲的精心培养密切相关的。

莫扎特3岁的时候，父亲就发现他经常静静地坐在一边，很有兴趣地看姐姐练琴，于是就开始对他进行启蒙教育。在父亲的指导下，莫扎特5岁就开始创作短曲，6岁时创作钢琴协奏曲。后来，为了更好地培养他，父亲甚至放弃了在宫廷里当乐师的工作，将全部精力用在莫扎特身上。

可以说，没有父亲那份执着的精神、严格的要求和深厚的关爱，是无法造就莫扎特这样一位音乐大师的。

▲约翰·D.洛克菲勒：锻炼身体与游历世界

在19世纪的时候，洛克菲勒家族事业的创始人约翰·D.洛克菲勒只是一个周薪7美元的打工仔，但他通过个人奋斗最后创建了标准石油公司。在教育自己的下一代方面，他制订了许多严格的“措施”。

约翰·D.洛克菲勒常常和孩子强调锻炼身体的重要，儿子上学的时候，他让儿子滑着旱冰经过中央公园到林肯学校，家庭司机只是开着车跟在后面。

另外，洛克菲勒家族很注重到世界各地游历对孩子成长的影响。孩子很小的时候，就跟着父母、带着家庭教师和一大堆行李，开始飞越美国大陆、欧洲、北非等地。这种教育增强了孩子们认识社会多元化和准确把握社会常理的能力，为以后确立人生目标起到很好的启发作用。

第9堂课
让孩子成为自我教育能手
——讲给孩子听的七个故事

教育孩子，一个能打动孩子心灵的故事胜过一堆飘浮在半空中没有根底的大道理，从讲故事到编故事，从编故事到演故事，从故事到新事，妈妈智慧之花是不断绽放，是妈妈智慧之泉的不断流淌。

星期一　大雨

孩子很聪明，但基础不是太好，因此有些不自信，考试前爱紧张，考试成绩总不理想。如何树立孩子的自信？除了考试前给他加油打气，还有别的方法吗？今天选个故事讲给孩子听一听，道理一样，但是，方法却不一样了。

用故事告诉孩子1：相信自己

放学路上，小刚拿着只得了27分的物理试卷硬着头皮往家走。本来可以考得多一点儿的，由于考试时很想考好，越想越紧张，反倒考得更差了。想到试卷上的那么多刺眼的大红“×”，心里就很不是滋味，想必今天又少不了一顿揍……

一进家门，小刚的脸顿时有种火辣辣的感觉，心也在“突突”地跳个不停，不敢正眼看父母一眼。

“小刚，怎么啦？是不是没有考好？”爸爸一语道破。

小刚万般无奈之下只有说出实情。之后，便躲到一旁静等一场“暴风骤雨”的到来。静候了好一阵见没有什么动静，小刚却感受到自己被凝固的空气压得喘不过气来。在战战兢兢中却听到爸爸说：“先吃饭吧，吃完饭再说。”没有斥责，没有怒吼，语气是那么平缓，太出乎小刚的意料了。小刚怯生生地端起饭碗，可心里还是忐忑不安。饭后，妈妈生气地唠叨起来：“考成这样，你真不争气呀……”小刚的心一下子又提到了嗓子眼。

只见爸爸朝妈妈摆摆手，和蔼地对小刚说：“过去你考得不好的时候，爸爸也真生过气，粗暴地对待过你，可细细想来，平时不太过问你的学习，你没考好也有我们做父母的一份责任……”

小刚不由自主地睁大了眼睛。听着，听着，心中的防线消失了，没有了不安和抵触情绪，只剩下惭愧和自责。

随后，爸爸又详细询问了有关情况，并和小刚一起分析没有考好的原因。并针对小刚认为自己脑子笨学不好物理的念头做了耐心开导。爸爸最后对小刚说：“今后需要我们帮助的地方你随时说，我们有不对的地方，你也可以提出来。咱们共同努力把你的学习搞好。”小刚心里热乎乎的，感到像一阵阵春雨滋润着心田。

从此以后，爸爸不仅自己帮助小刚学习以外，还请邻居念高中的大姐姐帮小刚把课程复习了一遍，同时还到学校找老师求得合作，小刚自己也不可谓不努力。

可是，到了期中考试，小刚的物理仍然不及格，仅得了54分。他想，这下子可糟糕了。爸爸为我的学习费了那么多心血，可我还是不及格，爸爸这回该发火了。没有想到爸爸知道后却说：“小刚，你脑子不笨啊！在这么短的时间里，分数就翻一番，看来你还是很有潜力的。”听了爸爸的话，小刚万分激动。

从此，小刚更主动刻苦地学习，到期末考试时，小刚的物理得了83分，其他各科也都有进步。

家长是孩子的支持者和帮助者！

重点提示：心服口服而不是口服心服

在我们现实生活中，许多人都会说：我相信你是最棒的，可他们心里真是这么想的吗？做父母的经常对孩子说："我相信你能行，我真的相信你能行！"可当孩子反问一句："你真的相信我能行？"时，父母那并不坚定的眼神、那有些犹豫不决的表情却让孩子感觉出父母并不怎么相信自己。所以，当我们除了说相信孩子外，还要找出培养孩子自信的方法来。

曾经听到一句流行语："说你行，你就行，不行也行；说你不行，就不行，行也不行。"其实到底行不行，只有自己最知道。只有自己真的相信自己行，才能让别人相信自己行。这位小刚是由于看到了自己的不断进步才慢慢开始相信自己的。

只有自己感动了，才能感动别人；只有自己相信了，才能让别人相信。自信是人格的核心力量，一个人只有自信才能释放自己的各种力量。自信的人胆大心细而不妄为，自信的人英勇有谋而不轻率鲁莽，自信的人坦诚相待而不矫揉造作，自信的人开朗大方而不故作开放，自信的人乐观豁达而不悲观沮丧，自信的人热情洋溢，自信的人快乐无比，自信的人热爱生活并且适应能力强，自信的人容易接受自己的现实状况而不会怨天尤人，自信的人懂得对自己负有责任，自信的人更具有爱的能力，自信的人更富有同情心，自信的人更懂得民主平等、尊重理解，自信的人人际关系更融洽。自信就在我们的体内，是一种天赋的自然力量，需要我们在人生的路途中不断运用这股力量使其为人生增添光彩。

谈起自信心这个话题，我情不自禁想起了一个寓言故事。

有一天，显贵的龙王和平凡的青蛙在海滨不期而遇。

龙王和青蛙打过招呼之后，青蛙问龙王："大王，请问您的住处是什么样的呢？"

龙王得意洋洋地说："珍珠砌筑的宫殿，贝壳筑砌的阙楼，屋檐华丽而又气派，厅柱坚实而又漂亮。"龙王说完那些，就迫不及待地问青蛙："那么你呢？你的住处如何呀？"

青蛙不紧不慢地说：“我的住处绿藓似毡，娇草如茵，清泉汩汩，白石映天。”说完之后，青蛙又向龙王提出了一个问题：“大王，你高兴时如何？发怒时又怎样？”

龙王非常骄傲地说：“我如果高兴，就普降甘露，让大地滋润，使五谷丰登；我如果生气发怒，则先吹风暴，继而打闪放电，让千里以内寸草不留。那么，你呢？”

青蛙心平气和地说：“我高兴时，就面对清风朗月，呱呱叫上一通；我发怒时，先瞪眼睛，再鼓肚皮，最后气消肚瘪，万事了结。”

这只平凡的青蛙面对尊贵的龙王，表现出的是充分的自信，龙宫固然美丽，可我青蛙的住所也别具一格；龙王高兴与生气时都大展威风，我青蛙却也自得其乐。

所以说，我们首先要相信自己，这样才会从内心中找到自信的感觉。有了自信的感觉，才会有自信的行动；行动多了，才会有经验；经验变得丰富了，才会出好的成绩；有了好的成绩就会更加相信自己，从而找到更加自信的感觉，付出更加积极的行动。相信自己是一种信念，更是实力的见证，一个没有实力的人很难相信自己。所以要把握生命里的每一分钟，对我们心中的梦全力以赴，不经历风雨怎么见彩虹，没有人能够随随便便取得成功。

星期二　多云

今天又去给孩子送了一次作业本，提醒他多少次了，丢三落四的坏习惯总是改不了，而且孩子做作业总是粗枝大叶的，好习惯总是养不成，道理讲得他都厌烦了，还是找个恰当的时候，把下面的故事讲给他吧。

用故事告诉孩子2：习惯决定命运

亚历山大帝王图书馆发生火灾的时候，馆里所藏图书被焚烧殆尽，但有一本不很贵重的书得以幸免。有一个能识几个字的穷人，花了几个铜板买下了这本书。书本身不是很有意思，但书页里面却藏着一样非常有趣的东西：一张薄薄的羊皮纸，上面写着点铁成金石的秘密。所谓点铁成金石，是一块小圆石，能把任何普通的金属变成纯金。小纸片上写着：这块奇石在黑海边可以找到，但是奇石的外观跟海边成千上万的石头没有什么两样。谜底在于：奇石摸起来是温的，而普通的石头摸起来是冰凉的。这个穷人于是变卖了家当，带着简单的行囊，露宿于黑海岸边，开始寻找点铁成金石。

他知道，如果他把捡起来的冰凉的石头随手就扔掉的话，那么他可能会重复地捡到已经摸过的石头，而无法辨认真正的奇石。为防止这种情形的发生，每当捡起一块冰凉的石头，他就往海里扔。一天过去了，他捡的石头中没有一块是书中所说的奇石。一个月，一年，二年，三年……他还是没找到那块奇石。但是，他不气馁，继续捡石头，扔石头……没完没了。有一天早上，他捡起一块石头，一摸，是温的！他仍然随手扔到了海里，因为他已经养成了往海里扔石头的习惯。这个扔石头的动作太具有习惯性了。以至于当他梦寐以求、苦苦寻觅的奇石出现的时候，他仍然习惯性地把它扔到了海里。

重点提示：让好习惯成就人生

英国教育家洛克说：“习惯一旦养成之后，便用不着借助记忆，很容易很自然地就能发生作用了。”事实确实是这样的。就拿那个穷人来说吧，他多少年风餐露宿，苦苦寻觅，为的就是那块点铁成金石。可是当他找到之后，他却根本没有意识到就随手扔到了海里。不是他不想要那块奇石，而是往海里扔石头的习惯性动作迫使他做出了令人遗憾不已的蠢事情。他的多年点铁成金梦，也像肥皂泡一样顷刻破灭了。

正如培根所说：“习惯真是一种顽强而巨大的力量。它可以主宰人生。”他的话就像是对那个穷人说的似的，准确，深刻！然而我们应该深刻认识它的警示意义。要想拥有美好人生，必须养成一种好的习惯，让它服务于我们的生活，而不是让习惯左右着我们，让我们成为习惯的奴隶。

平常总听到一些父母说，“我的小孩做事怎么总是毛毛糙糙、粗枝大叶、丢三落四的”，“平时反应特快，题目一说就明白，一写就出错，这样马马虎虎，真是让人着急啊”。常言道，细节决定成败，细心决定人生的成功似乎人人都认同。

的确有这样让大人挺操心的孩子存在。有一个女孩，一天削苹果时不小心把手划了个口子。她立即找了个创可贴贴上，第二天削伤的地方还是很疼。妈妈知道后，便想看看孩子的伤口是不是太严重了。真是不看不知道，一看让人想发笑。原来，女孩把创可贴贴在了伤口的旁边，根本没有贴在伤口上。妈妈笑得前仰后合，乐着说："我的好女儿哪，你的这件事作为幽默故事编都编不出来啊！"

后来，这位妈妈想出了一个别出心裁的办法来克服女儿马马虎虎、大大咧咧的坏习惯，培养女儿细心仔细的习惯。

暑假刚刚开始，妈妈就把女儿叫到跟前："我的乖女儿，放暑假了，妈妈交给你一项任务，好不好？"

"什么任务，这么神神秘秘的？"女儿以为妈妈又是要加做什么作业，心里直犯嘀咕呢。

"暑假里学会钉纽扣。"妈妈非常轻声地说道。

"钉纽扣呀！"女儿终于松了口气，做了个鬼脸，得意地说，"我早就会了。"

为了表示她"已会"，女儿当着妈妈的面，穿了一分钟的线，打了一分钟的结，"钻"了五分钟的"洞"，花了六七分钟，钉好了一粒"摇摇欲坠"的纽扣。大概是她自己也觉得钉得不太好，所以钉好后就没再吱声。

"钉得还不错。但是，还没有钉出意义来。"妈妈作了一个简单的评价。

"还没有钉出意义来？"女儿眼里出现了一个问号。女儿慢慢挨近妈妈，坐在了妈妈的腿上，望着妈妈，等着妈妈的解答。

"对呀！扣子不但要钉好、钉快，还能钉出意义来呢！"

妈妈打开一盒装满五颜六色衬衫纽扣的小盒子，把一粒一粒的纽扣按色彩排队，不一会儿，出现了一个女儿从来没有见过的漂亮的"纽扣字"——"好"。这时，女儿的眼睛也闪闪发光了。

"妈妈已经算过了，只要你每天钉四粒，一个暑假就可以'绣'出一面'纽扣字锦旗'来。"

“那上面绣什么字？”女儿迫切想知道答案。

“三个字：老、师和好。”妈妈一字一顿地说。

“呀！送老师呀？”女儿反应倒特快。

“对！暑假一过，就是教师节。送给老师‘纽扣字锦旗’这样的艺术品礼物呀，”妈妈哈哈大笑，“艺术品位可高哩！更重要的是，它可完完全全是你自己的劳动成果，意义重大。”

“戏”唱到这儿，女儿的兴趣被妈妈彻底“逗引”上来：女儿一把勾住妈妈的脖子，转了好几圈，直蹦：“妈妈，好妈妈，别说一天四颗，就是钉再多一些我也愿意！”

兴趣是最好的老师！以后，随着“锦旗”上一横一竖的字形出现，女儿信心倍增：针扎断几根，没停；字“绣”歪，拆掉重来；颜色选得不好，再仔细选。有一次，缝针一歪，洞眼没有找到，却深深扎进她的手指，鲜血点点，泪珠滴滴哩！功夫不负有心人，二百多粒纽扣钉下来，女儿的手艺完全可与大人相比了。教师节时，她把这个锦旗送给老师，老师特别喜欢，女儿也觉得特别有成就感。其实，更主要的是，通过一个假期的钉纽扣，培养了女儿细致的好习惯。

正如这个孩子一样，在琐细之处用细心，就取得了意想不到的成功的自豪感。懂得在琐细之处用心雕琢，还可取得非凡成功呢。

人生的好习惯是做人做事的时候，既要会用心又要会用力，用心要用细心用专心用爱心，用关心用善心等，用力要用体力更要用脑力，用观察力，用记忆力，用想象力，用思考力，用创造力，用外在力如工具的力，自然的力和书籍的力以及他人的力等。会用心会用力便是能成就人生的好习惯！

正如一位叫巴尔的教育家所说：孩子的心是一块奇怪的土地，播上思想的种子，就会获得行为的收获；播上行为的种子，就会获得习惯的收获；播上习惯的种子，就会获得品德的收获；播上品德的种子，就能得到命运的收获。

星期三　天气晴

孩子考得不好，又不敢多问，因为他这次真的很努力。数学以及被数学老师忽视，都成了他最不愿意，但却最需要面对的困难。他在为没能兑现在数学上打翻身仗的承诺而难过，而我呢，所有安慰的话，似乎都会带有孩子最不需要的怜悯。还是选一个故事讲给他吧。

用故事告诉孩子3：掉进困难的深井要能跳出来

有一天，有一个农夫的一头驴子，不小心掉进了一口枯井里。农夫绞尽脑汁、想方设法要救出驴子，但是，几个小时过去了，驴子还是在井里痛苦地哀嚎着，救援一点进展也没有。最后，这位农夫决定放弃，他想这头驴子年纪已经太大了，也不能干多少活了。于是，农夫就请来左邻右舍帮忙一起将井中的驴子埋了。邻居们人手一把铲子，泥土一铲铲扔进了枯井。但出人意料的是，这头驴子好像安静下来了，农夫好奇地往井底探头，出现在眼前的景象令他大吃一惊：当泥土落在驴子的背部时，驴子便将泥土抖落在一旁，然后站到铲进的泥土堆上面。就这样，驴子将大家铲倒在它身上的泥土全数抖落在井底，然后再站上去。

很快，这只驴子便得意地上升到井口，然后在众人惊讶的表情中快步地跑开了！

重点提示：自助者天助！

在生命的旅程中，有时候我们难免会陷入难以自拔的“枯井”里，同时还会有各式各样的“泥沙”倾倒在我们身上。想要从这些“枯井”脱困的秘诀就只能是：心平气和地将“泥沙”抖落掉，然后站到上面去，一次又一次地做出努力，站到泥土上面来，最终就会获救！我曾读过这样一个故事：奥伦索·辛浦森小的时候因为营养不良患了软骨病，双腿呈弓形，小腿严重萎缩。他的理想是成为全能型的橄榄球选手。他非常崇拜吉姆·布朗，只要旧金山有吉姆·布朗参加的比赛，他都会去观看。他对布朗在球场上的一举一动了若指掌。一次，13岁的辛浦森走到布朗的面前说："我记得你创下的每一次纪录，总有一天我要打破你创下的纪录。"后来，辛浦森真的刷新了布朗创下的纪录。辛浦森没有被软骨病这个泥沙埋没掉，而是树立了一个奋斗的目标，一步一个脚印地迈向了成功的殿堂。

星期四　多云

今天的故事涉及到了一个心理学原理，心理暗示，如果孩子能理解这些故事说明的现象，可能就会明白，成功就是和自己斗争而取得胜利。

用故事告诉孩子4：成功与失败都和心理暗示有关

有一个教授找了九个人做实验。教授说，你们九个人听我的指挥，走过这个曲曲弯弯的小桥，千万别掉下去，不过掉下去也没有关系，底下就是一点点水。九个人听明白了，哗啦哗啦都走过去了。走过去后，教授打开了一盏黄灯，透过黄灯九个人看到，桥底下不仅仅是一点点水，而且还有几条在蠕动的鳄鱼。九个人吓了一跳，庆幸刚才没有掉下去。教授问，现在你们谁敢走回来？没人敢走了。教授说，你们要用心理暗示，想象自己走在坚固的铁桥上，诱导了半天，终于有三个人站起来，愿意尝试一下。第一个人颤颤巍巍，走的时间多花了一倍；第二个人哆哆嗦嗦，走了一半再也坚持不住了，吓得趴在桥上；第三个人才走了三步就吓爬下了。教授这时打开了所有的灯，大家这才发现，在桥和鳄鱼之间还有一层网，网是黄色的，刚才在黄灯下看不清楚。大家现在不怕了，说要早知道有网我们早就过去了，几个人哗啦哗啦都走过来了。只有一个人不敢走，教授问他，你怎么回事？这个人说，我担心网不结实。这个试验揭示的原理是心态影响能力。

又有一个教授做了一个更加残忍的试验，他把一个死囚关在一个屋子里，蒙上死囚的眼睛，对死囚说，我们准备换一种方式让你死，我们将把你的血管割开，让你的血滴尽而死。然后教授打开一个水龙头，让死囚听到滴水声，教授说，这就是你的血在滴。第二天早上打开房门，大家都知道发生了什么事情，死囚死了，脸色惨白，一副血滴尽的模样，其实他的血一滴也没有滴出来，他被吓死了。这个试验揭示的原理是心态影响生理。所以心态好，生理健康，能力增强；心态不好，生理差，能力差。心态就具有这么大的力量，从里到外影响你。

重点提示：心态决定命运

心理暗示，是指人接受外界或他人的愿望、观念、情绪、判断或态度影响的心理特点。每天，我们都会不断从自己或他人那里接受各种暗示，这种影响有时会给我们带来喜悦和信心，有时又会使人觉得郁闷不安。以下几种快乐的自我心理暗示，可以帮助我们更加乐观地面对生活，使自己变得快乐一些。

1.用语言表达出内心的感受

心理学研究中有一种“内省法”，就是让人冷静地观察自己的内心深处，然后将观察的结果如实讲出来。这样可以使紧张的心情得到释放，人就会感到轻松一些。

2.把每一次失败都当做是最后一次

每个人都会有不顺的时候，试着在最不开心和失败之时对自己说：“这是最糟糕的了，不会再有比这更倒霉的事发生了。”既然“最糟糕的事”都已经发生了，还有什么可怕的呢？当你在最不顺利的时候给自己这样的心理暗示，会增强心中的安全感，也会给自己以信心。

3.不要总向自己强调负面结果

我们不要总是给自己一些这样的提醒：“昨天我就是在这里摔倒的”、“这段路总是出交通事故”等等。因为越是这样，我们心里就会越紧张。所以，聪明人应避免老用失败的教训来提醒自己，而应多用一些积极性的暗示，比如：“走稳当些就不会摔倒了”、“经过这段路时最好要减慢速度”等等。这种积极的暗示和指导，比起向自己强调负面结果在效果上会好很多。

4. 别给自己贴上失败的“标签”

不要总是对自己说“我的能力实在不行”、“我缺乏变通的技巧”、“大家都不喜欢我”这样的话。要知道真正能够击倒你的人有时恰恰正是你自己。因此，不要总是给自己贴上“这不行、那不行”的失败“标签”，应该多给自己一些激励与信心，相信自己并不比别人做得差，成功一定会属于自信的人！

德国哲学家史怀泽说：人是聪明的动物，但行为却像白痴。乐观的人，到处都看到绿灯；悲观的人，只看到红灯，而真正聪明的人，则是色盲。其实，积极自我暗示的人是有积极心态的人，积极心态之人像太阳，走到哪里哪里亮；消极自我暗示的人像是有消极心态的人，消极心态的人像月亮，初一十五不一样。积极自我暗示的人是乐于做自己的人，在此不妨一起来分享“心安草”的故事：

在很久以前，有位国王非常满意自己的百花园。一天，国王信步来到他宠爱有加的花园。令他吃惊的是，花园里的花草树木差不多全都枯萎死掉了，园子里显得非常荒凉。

国王觉得非常沮丧和纳闷。经过多方打听，国王方才了解到了事情的原委：橡树由于自己没有松树那样高大挺拔，所以就轻生厌世死掉了；松树由于自己不能像葡萄藤那样开花结果，所以就无地自容自杀了；葡萄藤呢，由于成天哀叹自己终日只能匍匐在架子上不能直立，而且不能像桃树那样开出美丽动人的花朵，于是抑郁成疾而死；牵牛花由于叹息自己没有紫丁香那样芬芳饴人，心怀妒忌忧郁而死；其他的植物差不多都是垂头丧气，无精打采，奄奄一息的样子，只有非常细小的心安草依然如故，还在茂盛地生长着。

国王不解地问心安草道：“小不点的心安草啊，别的植物全都枯萎了，你为什么却还这么乐观地生长着，毫不沮丧呢？”

心安草不紧不慢地回答说：“国王啊，我之所以一点也不垂头丧气，是因为我知道，如果国王您想要橡树、或松树、或桃树、或葡萄、或牵牛花、或紫丁香的话，您就会叫园丁把他们种上，而我呢，您不过希望我自己是什么样子的就什么样子好了。所以，我就安心地做小小的心安草了。”

心安草夜去昼来日复一日、冬去春来年复一年地悠悠闲闲地过着快乐的日子，嘴里时不时地哼着快乐小调：“没有花香，没有树高，我是一棵无人知道的小草。春风啊春风，你把我吹绿；阳光啊阳光，你把我照耀；大地啊大地，是您养育了我。没有你们的关照哪有我的快乐。没有你们的奉献哪有我的心安。可是，没有我的默默无声，哪有人们称赞你们的神圣。”

心安草于是心安自得地过着愉快的日子。

星期五　天气晴

我们一直教育孩子要改变可以改变的，却疏忽了教育他去适应无法改变的事情，没有F4那样的容貌、不在大富大贵的家庭、进了不是重点的学校、遇上了自己不喜欢的班主任……如果有些东西我们确定了无法改变，就顺应现实，说句“一切都是最好的安排”吧。

用故事告诉孩子5：一切都是最好的安排

从前有一个国家，地不大，人不多，但是人民过着悠闲快乐的生活，因为他们有一位不喜欢做事的国王和一位不喜欢做官的宰相。

国王没有什么不良嗜好，除了打猎以外，最喜欢与宰相微服私访民隐。宰相除了处理国务以外，就是陪着国王下乡巡视，如果是他一个人的话，他最喜欢研究宇宙人生的真理，他最常挂在嘴边的一句话就是：“一切都是最好的安排”。

有一次，国王兴高采烈地到大草原打猎，随从带着数十条猎犬，声势浩荡。国王的身体保养得非常好，筋骨结实，而且肌肤泛光，看起来就有一国之君的气派。随从看见国王骑在马上，威风凛凛地追逐一头花豹，都不禁赞叹国王勇武过人！花豹奋力逃命，国王紧追不舍，一直追到花豹的速度减慢时，国王才从容不迫弯弓搭箭，瞄准花豹，嗖的一声，利箭像闪电似的，一眨眼就飞过草原，不偏不倚钻入花豹的颈子，花豹惨嘶一声，仆倒在地。

国王很开心，他眼看花豹躺在地上许久都毫无动静，一时失去戒心，居然在随从尚未赶上时，就下马检视花豹。谁想到，花豹就是在等待这一瞬间，使出最后的力气，突然跳起来向国王扑过来。国王一愣，看见花豹张开血盆大口咬来，他下意识地闪了一下，心想：完了！还好，随从及时赶上，立刻发箭射入花豹的咽喉，国王觉得小指一凉，花豹就闷不吭声跌在地上，这次真的死了。

随从忐忑不安走上来询问国王是否无恙，国王看看手，小指头被花豹咬掉小半截，血流不止，随行的御医立刻上前包扎。虽然伤势不算严重，但国王的兴致破坏光了，本来国王还想找人来责骂一番，可是想想这次只怪自己冒失，还能怪谁？所以闷不吭声，大伙儿就黯然回宫去了。

回宫以后，国王越想越不痛快，就找了宰相来饮酒解愁。宰相知道了这事后，一边举酒敬国王，一边微笑说："大王啊！少了一小块肉总比少了一条命来得好吧！想开一点，一切都是最好的安排！"

国王一听，闷了半天的不快终于找到宣泄的机会。他凝视宰相说："嘿！你真是大胆！你真的认为一切都是最好的安排吗？"宰相发觉国王十分愤怒，却也毫不在意说："大王，真的，如果我们能够超越我们的固执己见，确确实实，一切都是最好的安排！"

国王说："如果寡人把你关进监狱，这也是最好的安排？"宰相微笑着说："如果是这样，我也深信这是最好的安排。"国王说："如果寡人吩咐侍卫把你拖出去砍了，这也是最好的安排？"宰相依然微笑，仿佛国王在说一件与他毫不相干的事情。"如果是这样，我也深信这是最好的安排。"国王勃然大怒，大手用力一拍，两名侍卫立刻近前，他们听见国王说："你们马上把宰相抓出去斩了！"侍卫愣住，一时不知如何反应。

国王说："还不快点，等什么？"侍卫如梦初醒，上前架起宰相，就往门外走去。国王忽然有点后悔，他大叫一声说："慢着，先抓去关起来！"宰相回头对他一笑，说："这也是最好的安排！"国王大手一挥，两名侍卫就架着宰相走出去了。

过了一个月，国王养好伤，打算像以前一样找宰相一块儿微服私巡，可是想到是自己亲口说把他关入监狱的，一时也放不下面子释放宰相，叹了口气，就自己独自出游了。走着走着，来到一处偏远的山林，忽然从山上冲下一队脸上涂着红黄油彩的蛮人，三两下就把他五花大绑，带回高山上。

国王这时才想到今天正是满月，这一带有一支原始部落，每逢月圆之日就会下山寻找祭祀满月女神的牺牲品。他哀叹一声，这下子真的是没救了。其实心里却很想跟蛮人说：我乃这里的国王，放了我，我就赏赐你们金山银海！可是嘴巴被破布塞住，连话都说不出口。当他看见自己被带到一口比人还高的大锅炉，柴火正熊熊燃烧，更是脸色惨白。

大祭司现身，当众脱光国王的衣服，露出他细皮嫩肉的龙体，大祭司啧啧称奇，想不到现在还能找到这么完美无瑕的祭品！原来，今天要祭祀的满月女神，正是“完美”的象征，所以，祭祀品丑一点、黑一点、矮一点都没有关系，就是不能残缺。

就在这时，大祭司终于发现国王的左手小指头少了小半截，他忍不住咬牙切齿咒骂了半天，忍痛下令说：“把这个废物赶走，另外再找一个！”

脱困的国王大喜若狂，飞奔回宫，立刻叫人释放宰相，在御花园设宴，为自己保住一命，也为宰相重获自由而庆祝。国王一边向宰相敬酒说：“爱卿啊！你说的真是一点也不错，果然，一切都是最好的安排！如果不是被花豹咬一口，今天连命都没了。”宰相回敬国王，微笑说：“贺喜大王对人生的体验又更上一层楼了。”过了一会儿，国王忽然问宰相说：“寡人救回一命，固然是一切都是最好的安排，可是你无缘无故在监狱里蹲了一个月，这又怎么说呢？”宰相慢条斯理喝下一口酒，才说：“大王！您将我关在监狱里，确实也是最好的安排啊！”

他饶富深意看了国王一眼，举杯说：“您想想看，如果我不是在监狱里，那么陪伴您微服私巡的人，不是我还会有谁呢？等到蛮人发现国王不适合拿来祭祀满月女神时，谁会被丢进大锅炉中烹煮呢？不是我还有谁呢？所以，我要为大王将我关进监狱而向您敬酒，您也救了我一命啊！”国王忍不住哈哈大笑，朗声说：“干杯吧！果然没错，一切都是最好的安排！”

在人的一生中所遭遇的困境，在当下或许是如此难以接受，但在过后突然某一时刻中会觉得……这是最好的安排。

重点提示：学会享受“一切都是最好的安排”！

故事中的宰相并不是一个听天由命的悲观主义者，而是一个看透了天理、人理与事理的智慧之人，认为“祸兮，福之所倚”。国王打猎时不小心被花豹咬掉了一小截手指，非常郁闷，宰相却微笑着说“想开一点，一切都是最好的安排”。就是由于这句话惹祸上身，被国王关进了大牢，可宰相依然说“这也是最好的安排”。后来国王由于断指免于被野人杀掉的命运，宰相由于进了大牢也免掉了这场杀身之祸。

我们也需要让孩子有这样一种胸怀：犯了一个错误，把它当做积累人生经验的好机会，当做成长的机会；栽了一个跟头，碰了一次壁，把它当做自己人生转折的机会；面对不幸，把它当做磨炼心志的机会……

厨师老爸的教女妙方：面对逆境，你会学谁?

女儿向父亲抱怨，每件事情都是那么艰难。学习非常困难，自己总是有很多的东西不是很懂，即使费了很大的力气，但是成绩还是不太理想；生活也很艰难，总是会和同学闹矛盾，总是得不到老师的喜欢；自己长得也非常普通，总是得不到别人的赞赏；自己一个特长也没有，总是没有让自己自豪的地方；自己想要的东西总是那么难以得到……总而言之，总是有各种各样的不如意，她不知如何应对这样的生活，好像一个问题才刚刚解决好，新的问题又会马上出现，她觉得有些厌倦，觉得什么都没有意思，觉得生活是那么无聊透顶。有时候还禁不住会想，生活这么没有意思，干脆不要生活得了。但是好像又还有什么东西割舍不下。因而，生不生死不死的，整日生活得很是迷茫，总是显得没精打采的样子。

父亲是一位厨师，其实他早就把女儿的这一切都看在眼里了。父亲耐心地倾听完女儿的抱怨，他没有给女儿讲什么大道理，他低头沉思了一会儿，便对女儿说：“咱们来做一个实验吧，看看会有什么样的结果。”

于是，父亲就把女儿带进厨房。进了厨房，父亲先拿出三只锅放好了，就往每只锅里倒了一些水，然后放在旺火上烧。

不久，水开了。他往第一口锅里放一些胡萝卜，往第二只锅里放入鸡蛋，最后一只锅里放入碾成粉状的咖啡豆。

女儿非常迷惑地看着父亲一样一样地做着这些，父亲也没有做什么解释。

20分钟后，父亲把火关了，把胡萝卜捞出来，放入一个碗里，把鸡蛋捞出来，放入另一个碗里，然后把咖啡豆舀到一个杯子里。

仔细做完这些后，父亲转身问女儿："孩子，你看见了什么？"

"胡萝卜、鸡蛋、咖啡。"女儿说，还是没有明白父亲的意思。父亲让她再靠近一些，摸一摸胡萝卜。这时，女儿注意到胡萝卜变软了，用手一碰就陷下去一些，而且表皮也有些脱落。

父亲又让女儿拿一个鸡蛋，打破它，剥掉壳。女儿说："这是一个煮熟的鸡蛋，又鲜又嫩。"

最后，父亲端起杯子，让女儿喝了一口咖啡。尝到香浓的咖啡，女儿笑了，怯声地问道："爸爸，这些意味着什么？"

父亲说，胡萝卜、鸡蛋、咖啡这三样东西都面临着同样的逆境——煮沸的开水，但其反应各不相同。胡萝卜入锅前是强壮的、结实的，放进开水，它变软了、变弱了。鸡蛋原来是易碎的，薄薄的外壳保护着液态的内脏。开水一煮，内脏就变硬了。粉状咖啡豆却很独特，倒入沸水，它们倒改变了水。

女儿似乎明白了什么，认真地点了点头。

是啊！在逆境面前，你可以学胡萝卜，越变越软弱；也可以学鸡蛋，变得坚强起来；还可以学咖啡豆，改变外在环境。有时你改变不了环境，但你可以改变自己对环境的态度。

看来，孩子心灵的素质，决定着其人生的幸福与快乐！

星期六　天气晴

孩子总有各种各样的梦想，但是大多数都像用铅笔在作业本上留下的涂鸦，早晚会被岁月牌这块橡皮擦擦得面目全非。《十月的天空》是我看过的最振奋人心地为理想而奋斗的故事，希望它能一样激励小儿执着地坚持有时甚至看似好高骛远的追求。坚持就是胜利！

剧情简介

在西弗吉尼亚的煤林地区，开采煤矿是当地所有人的生活中心。约翰·希克曼，霍纳的父亲，经过了自己的努力，终于当上了监工，在当地建立了自己的地位和威信。约翰喜欢煤矿，因为这是整个地区存在的原因。如果没有人在那里发现煤矿，也就没有“煤林”这个地方。他是整个地区的中心人物，而他也希望霍纳和他兄弟吉姆来接班。

但是吉姆在学校里赢得了一个橄榄球奖学金而得以继续读书，霍纳也有自己的打算，他想走出来。他想走出“煤林”追寻自己的理想，他想当一个科学家，而他的父亲却并不理解他的理想追求。所以他们不断地发生矛盾。霍纳就在这种氛围中成长着，他体会到了父亲的怒火、情人的爱恋、对兄弟的恨和对朋友的爱。

被火箭先驱沃纳冯伯劳恩激发了灵感，霍纳发明了他的第一个火箭。他从小爆竹中取出火药放到了手电里，他以为这可以飞到三百英尺高，但是却在他母亲的小园子里爆炸了。然而他并没有气馁，并召集了两个帮手：罗埃李和欧德尔，在当地的数学家昆庭的帮助下，他设计并制作了一系列的火箭。霍纳自己不是数学天才，但昆庭是的；他不擅长收集，但欧德尔知道怎样搞到需要的材料；罗埃李更是交际大师，他能够引诱人们交出他们需要的东西。霍纳只有热情和信心，但是他给了他们所有人热情和信心。

他们的物理化学老师莉蕾给他们找来了一本关于火箭方面的书，他们自学并将学到的知识用于他们的火箭。莉蕾利用她老师的身份教育鼓舞孩子们，特别是霍纳，让他认为自己可以成为自己想变成的人物。于是无论他遇到了什么困难，他都令人惊异地克服了。

在一系列的事故之后，他们在村外一个废弃的垃圾场建立了一个发射基地并命名为“煤林角”。他们第一个成功发射的火箭叫做“Auk 一号”，

Auk指一种不会飞行的鸟。火箭飞行了一条弧线并冲向煤矿，人们四散奔跑，最后火箭在霍纳父亲办公室附近坠毁了。这引起了他父亲的勃然大怒。霍纳意识到他的父亲对火箭和他所做的一切并不感兴趣。这使他非常悲哀、恼怒和沮丧。

虽然约翰·希克曼认为他的儿子是在浪费精力，他的妻子埃尔西却鼓励儿子坚持，她愿意为孩子的梦想做任何事情。而约翰·希克曼却非常现实：不是每一个梦想都能够成为现实，不是每一个人都能够成为一个火箭专家，尤其是像西弗吉尼亚这样的地方，连火箭都没有怎么听说过。其实父亲是爱孩子的，但是由于孩子没有按父亲安排的成长而表现出这样的一面来。虽然他是个严厉的人，内心却不是。他认为研究火箭这种他知道得很少的东西是愚蠢的，他不想让孩子在投入了这么多热情后，因为没有结果而可能伤心不已。

当他们的火箭飞得越来越高也越来越笔直后，孩子们成为了当地的知名人士。成群的人看他们发射火箭，他们从卖废旧物品、金属碎片和其他东西挣钱。到了最后，他们的火箭越飞越高，进入科学展览甚至赢得奖金似乎指日可待。这不仅成为他们的梦想，也成了整个地区的梦想。

1998年2月，霍纳·希克曼作为一名工程师，从美国航空航天局退休。

影片启示：每个人都可以追求自己的梦想成功！

这是一部非常出色的励志片，让人温暖的是——理想——一种能让人浑然忘我，就像一种病一样让得了的人把自己所有的精力、所有的奋斗、所有的牺牲都投注其上……在本片的故事中，是20世纪50年代末，弗吉尼亚州某煤矿矿区里的四个高中生要造火箭，乍一听还以为又回到了“大跃进”一般，连微积分都不会的人要造火箭，这简直比所有盲目狂热的豪言壮语更让人觉得离谱。但是，“希望是忧愁的最佳音乐”，霍纳虽然由于父亲不支持自己搞火箭实验而有些悲哀，但他还是毅然决然地坚持自己的信念，对成为火箭专家充满了期待。信念一旦发生了推动作用也往往是惊世骇俗的，人的潜力究竟有多大就跟人的潜力本身一样无人知晓……其实这几个高中生要造火箭的目的无他，就是想夺得发明展览奖并引来大学奖学金，从而走出矿区摆脱世代当矿工的命运，而结局跟理想这个美好的字眼一样完美，他们都做到了！

有位智者编了这样一个对话。大师问弟子："你有梦，何日付诸现实？"弟子回答："等待机遇到来时。"大师说："机遇不会不请自来，处处皆是机遇。"

希望现实中的孩子能像片中的主人公一样，为了自己的理想和爱好，能够克服一切障碍，即使那恼人的数学题，也终将在勇往直前的大步流星中被轻轻跨越；能牢记大师所说"处处皆是机遇"，有机会时能抓住机会；没机会时能创造机会。成功是坚信我一定能做到：

如果你的心中想到失败，你就失败了。

如果你没有必胜的信心，绝无任何成就。

纵使你想要获得胜利，只要浮现失败的字眼，胜利就不会向你微笑。

如果你不认真行事，你就失败了。

我们在大自然宇宙中发现：

成功起源于人类的意志力，

一切皆由人类的精神状态而决定。

如果你想到落后，你就落后了，

如果你想要晋升到最高地位，

在胜利到手之前，必定要拥有"我一定做得到"的信念。

人生的战果，并非强势、快速所能得到。

所有最后获得胜利的人，

都是坚信"我一定做得到"的人。

1984年，麦当劳奇迹的创造者雷·克罗奇与世长辞，享年81岁。在麦当劳总部的办公室里，悬挂着克罗奇的座右铭——《坚持》：

在世界上，毅力是无可替代的——才能无法替代它，有才能却失败就是蠢材；天才无法替代它，没有抱负的天才只是个蠢材；教育无法代替它，世界上到处是受过教育的废物；只有毅力和决心是无所不能的。

是啊！成功与失败的差异往往只是一步之遥，前面大部分的困难已使人精疲力竭，这时即使一个微小的障碍也可能导致前功尽弃。只有咬紧牙关坚持一下，胜利便近在眼前。

星期日　天气晴

孩子有他的自卑之处，不够高，不够帅，太胖了，成绩不够好等等，总为这些叫苦不迭，有时候生活似乎对他毫无快乐可言，很希望他能有个榜样在，让他学会乐观地看待世界，感恩地看待生活。选了《一路上有你》中，赛门的故事，他看得认真极了。

影片介绍

《一路上有你》讲述一个早产、畸形，甚至比一只小鸟还要小的婴孩，在众人难以置信而讶异的眼光中诞生。医生估计他无法活过当晚，然而他熬了下来；又说他活不过一个星期，他却也撑了过去；接着是一个月、一年甚至好几年都过去了，这个孩子赛门，终于奇迹般地活了下来。但可悲的是，赛门的父母亲却是一看到他就失望，甚至是非常的厌恶，巴不得他最好根本就不存在。

在赛门孤独的童年生活里，幸好还有私生子小乔这个莫逆之交，他们同样都是被人们所唾弃和鄙夷的可怜分子。

一对童年挚友，一个是从生下来就被父母嫌弃的小侏儒；另一个是生下来就不知道自己父亲是谁的私生子，都有着被人另眼相待的理由，却彼此建立了患难与共的忠贞友谊。

可是个子还不到小乔一半高的赛门，却始终乐观、自信，有种“天生我才必有用”的强烈使命感，不像小乔那样听天由命。

赛门热爱棒球，却因为体型的关系，总被保送上垒而无挥棒的机会。可是，谁也没想到在一次校际棒球赛里，他逮着的唯一机会——打出的一次全垒打，竟然击中了小乔母亲的头部，使她当场致死。

这位温柔美丽的单亲妈妈，可说是世上唯一对赛门慈爱与呵护的人，也是赛门心目中真正的母亲。赛门比任何人都要伤心，更觉得对不起好友小乔，他的悲伤和懊恼可想而知。而更戏剧化的意外事故竟然又接踵而来。一部满载度假的小学生的校车摔下山堐冲进冰河里，司机畏罪潜逃，领队的神父又当场撞昏。

校车在冰天雪地的河里渐渐下沉，赛门的脸不是惧怕，却在发光，他知道“上帝”使用他的时刻到了。他特殊的长相，让孩子都听从他的指挥而镇静下来；他的矮小，使他得以爬进半封住的车窗去救人；还有他一直勤练的潜水屏气功夫，也终于派上了用场。以前在生活中看来毫无意义的许多细节，如今环环相扣，全都显示了其中的巧妙涵义。

这时的赛门，指挥若定，与好友小乔联手，逐个地救出了神父和所有的学生。赛门却因在冰水中浸泡太久，而终于在医院中不治身亡，结束了他孱弱却感人的一生。

影片启示：自己看得起自己比什么都重要！

在影片中，赛门的好友小乔最后形成了“天生我才必有用”的乐观心态，就是因为有赛门这个无人重视与在意、卑微而畸形、短命且傻气但却乐观坚强的好朋友。

赛门出生以后，虽然奇迹般地存活了下来，他的父母却觉得是他们家的奇耻大辱。眼不见，心不烦，越少看见他越好。赛门不但享受不到父母的疼爱，更被他们所嫌弃与厌恶。然而，赛门依然心平气和，不怨不艾。他凡事都有一种乐观的心态，总是充满了希望、期盼，总是对人生信心百倍。他相信自己的存活本身就是个奇迹，绝非偶然，老天爷在他身上肯定有着伟大的计划，自己一定不该是个等闲之辈。

赛门天天耐心地、充满希望地时刻准备着要发挥“天生我才必有用”，他坚定不移的使命感、单纯无畏的信心、纯洁善良的盼望，并不是逆来顺受的弱不禁风的可怜虫，而是一个活生生、发光发亮、让人又敬又爱的伟大生命力量。

赛门常常对好朋友小乔说，他自己只要能活着一天，就是神迹。所以，他每天张开眼的第一个念头，就是感恩，感谢还能有这口气让他存活下去。谁又知道自己一生还剩下多少口气呢？真不希望有一天会突然发现，因为只顾着埋怨与发牢骚，竟然没有能够看见，那自以为是诅咒的后面，其实是丰盛无比的祝福。蹉跎岁月，怀疑生活有幸福，受损失最大的还是自己。

人都爱美，也都喜欢追求美的事物，而世界上存在着的万事万物，甚至世界本身，就美得惊人。虽然美的标准有时会因人而异，但是那真而善的美，相信却是人所有目共睹并且都憧憬能够享有的。赛门如天使般的脸庞，散发着美丽动人的光彩。那来自自我关爱的满足与勇者气质的自然流露，深深地令人折服，不由自主地萌发出一种敬畏之情的信心。

有位智者说："在我们身外，是找不到幸运的。幸运就在我们的努力之中，就在我们的意志之中。"现实生活中，任何一个孩子都可能比赛门幸福得多，也应该比赛门快乐得多，但他们获得快乐的能力哪去了呢？快乐来自于自己看得起自己，不管别人怎么贬损你，你作为人的价值都不会贬值的。我曾听过一个故事，一位演讲大师拿着一张崭新的20美元的纸币问听众，谁想要，许多人都举起了手。他后来揉皱了这张新纸币，问还有谁想要？还是有许多人举起了手。接下来，把这张钱吐了口水、扔地上用脚踩脏后，问还有没有人想要？结果依然有许多人想要。这位演讲大师紧接着说了这样一句令人颇受启发的话："就如同这20美元，无论它遭受到怎样的轻视和践踏，它是20美元的价值并未能被贬低。其实我们的生命也是一样，不管遭受到什么样的冷遇或不公正待遇，但我们生命本身的价值不可能受损。"

自己看得起自己就是让自己的生命价值不贬值，就是在对自己的尊严做最大的维护。尊严是人类灵魂中最不可糟蹋的东西。一位作家曾这样写道："人受到震动有种种不同，有的是在脊椎骨上，有的是在神经上，有的是在道德上、感受上，然而最强烈的、最持久的则是在个人的尊严上。"一个人只有有了尊严感，才懂得去欣赏人世界美好的东西。

故事资源库：

可以讲给孩子励志用的小故事

1.断箭

不相信自己的意志，永远也做不成将军。

春秋战国时代，一位父亲和他的儿子出征打仗。父亲已做了将军，儿子还只是马前卒。又一阵号角吹响，父亲庄严地托起一个箭囊，郑重地对儿子说："这是家袭宝箭，佩带身边，力量无穷，但千万不可抽出来。"果然，佩带宝箭的儿子英勇非凡，所向披靡。当鸣金收兵的号角吹响时，儿子再也禁不住得胜的豪气，完全忘记了父亲的叮嘱，强烈的欲望驱使他呼一声就拔出了宝箭。骤然间他惊呆了，断箭，箭囊里装着一枝折断的箭。儿子顿时吓出了一身冷汗，意志轰然坍塌。

结果很显然，儿子惨死于乱军之中。

温馨提示：把胜败寄托在一支宝箭上，多么愚蠢，而当一个人把生命的核心与把柄交给别人，又是多么危险！永远记住：自己才是一支宝箭。

2.乐观者和悲观者

从前，有一对夫妇养育了两个儿子，大儿子以卖煤为生，小儿子则卖雨伞。每到下雨，母亲就唉声叹气说大儿子的煤要卖不出去了，天晴时，母亲又惆怅抱怨小儿子的伞没人要。但父亲则和母亲恰恰相反，下雨天，他为小儿子高兴，天晴时，他为大儿子叫好。

温馨提示：性格决定命运，乐观的人会在逆境中找到快乐，悲观的人看不到生活中的希望，有什么样的思维方式就会有什么样的人生。

3.为生命画一片树叶

美国作家欧·亨利在他的小说《最后一片叶子》里讲了个故事：病房里，一个生命垂危的病人从房间里看见窗外的一棵树，叶子在秋风中一片片地掉落下来。病人望着眼前的萧萧落叶，身体也随之每况愈下，一天不如一天。她说："当树叶全部掉光时，我也就要死了。"一位老画家得知后，用彩笔画了一片叶脉青翠的树叶挂在树枝上。最后一片叶子始终没掉下来。只因为生命中的这片绿，病人竟奇迹般地活了下来。

温馨提示：人生可以没有很多东西，却唯独不能没有希望。希望是人类生活的一项重要的价值。

4.飞翔的蜘蛛

一天，我发现，一只黑蜘蛛在后院的两檐之间结了一张很大的网。难道蜘蛛会飞？要不，从这个檐头到那个檐头，中间有一丈余宽，第一根线是怎么拉过去的？后来，我发现蜘蛛走了许多弯路——从一个檐头起，打结，顺墙而下，一步一步向前爬，小心翼翼，翘起尾部，不让丝沾到地面的沙石或别的物体上，走过空地，再爬上对面的檐头，高度差不多了，再把丝收紧，以后也是如此。蜘蛛不会飞翔，但它能够把网结在半空中。它是勤奋、敏感、沉默而坚忍的昆虫，它的网织得精巧而规矩，八卦形地张开，仿佛得到神助。这样的成绩，使人不由得想起那些沉默寡言的人和一些深藏不露的智者。

温馨提示：信念是一种无坚不摧的力量，当你坚信自己能够取得成功的时候，你一定能够成功。成功学家陈安之说过一句很激动人心的话：你为什么没有成功，因为你没有做好准备；你为什么还没有成功，因为你还没有做好准备。成功者往往做一般人不敢做、一般人不愿做、一般人不能做的事。

5.成功并不像你想象的那么难

1965年，一个韩国学生到剑桥大学主修心理学。他常到学校的咖啡厅或茶座听一些成功人士聊天，他们中有诺贝尔奖获得者，有学术权威，还有一些创造了经济神话的人。这些人幽默风趣、举重若轻，把自己的成功都看得非常自然和顺理成章。时间长了，他发现，在国内的时候，一些成功人士把自己的创业艰辛过分地夸大了。

作为心理系的学生，他对韩国成功人士的心态进行了研究。1970年，他把《成功并不像你想象的那么难》作为毕业论文，提交给现代经济心理学的创始人威尔布雷登教授。布雷登教授读后，大为惊喜。这本书后来鼓舞了很多人，它从一个新的角度告诉人们，成功与“劳其筋骨，饿其体肤”、“三更灯火五更鸡”、“头悬梁，锥刺股”没有必然的联系，只要你对某一事业感兴趣，长久地坚持下去就会成功，必有收获。

温馨提示：人世中的许多事，只要想做，都能做到，用不着什么钢铁般的意志，更用不着什么技巧或谋略。只要一个人还在朴实而饶有兴趣地生活着，他终究会发现，造物主对世事的安排，都是水到渠成的。

6. 勇于冒险

有一天，龙虾与寄居蟹在深海中相遇，寄居蟹看见龙虾正把自己的硬壳脱掉，露出娇嫩的身躯。寄居蟹非常紧张地说："龙虾，你怎可以把唯一保护自己身躯的硬壳也放弃呢？难道你不怕有大鱼一口把你吃掉吗？以你现在的情况来看，连急流也会把你冲到岩石去，到时你不死才怪呢？"

龙虾气定神闲地回答："谢谢你的好心，可是你不了解，我们龙虾每次成长，都必须先脱掉旧壳，才能生长出更坚固的外壳，现在面对的危险，只是为了将来发展得更好而作出准备。"寄居蟹细心思量一下，自己整天只找可以避居的地方，而从来没有想过如何令自己成长得更强壮，整天只活在别人的护荫之下，难怪永远都限制自己的发展。

温馨提示：对于那些害怕危险的人，危险无处不在。

7. 再试一次

有个年轻人去微软公司应聘，而该公司并没有刊登过招聘广告。见总经理疑惑不解，年轻人用不太娴熟的英语解释说自己是碰巧路过这里，就贸然进来了。总经理感觉很新鲜，破例让他一试。面试的结果出人意料，年轻人表现糟糕。他对总经理的解释是事先没有准备，总经理就随口应道："等你准备好了再来试吧。"

一周后，年轻人再次走进微软公司的大门，这次他依然没有成功。但比起第一次，他的表现要好得多。而总经理给他的回答仍然同上次一样："等你准备好了再来试。"就这样，这个青年先后5次踏进微软公司的大门，最终被公司录用，成为公司的重点培养对象。

温馨提示：以勇敢者的气魄，坚定而自信地对自己说一声"再试一次"！再试一次，你就有可能到达成功的彼岸！

8. 天道酬勤

曾国藩是中国历史上最有影响的人物之一，但是他小时候的天赋却并不高。有一天在家读书，对一篇文章不知道重复了多少遍，还是没有能够背下来。

这时候他家来了一个贼，潜伏在他的屋檐下，贼想等到读书人睡觉之后捞点好处。可是等啊等，就是不见他睡觉，还是翻来覆去地诵读那篇文章。贼大怒，从梁上跳出来说，“这种水平读什么书”？然后将那文章背诵一遍，扬长而去。贼是很聪明，至少比曾先生要聪明，但是他只能成为贼，那贼的记忆力真好，听过几遍的文章都能背下来，可惜，他的天赋没有加上勤奋，变得不知所终，而曾国藩便是凭着勤奋和坚忍的毅力成为一代宗师。

温馨提示：伟大的成功和辛勤的劳动是成正比的，有一分劳动就会有一分收获，日积月累，从少到多，奇迹就可以创造出来。

9.居安思危

一只野狼卧在草上勤奋地磨牙，狐狸看到了，就对它说：“天气这么好，大家在休息娱乐，你也加入到我们队伍中来吧！”野狼没有说话，继续磨牙，把它的牙齿磨得又尖又利。狐狸奇怪地问道：“森林这么静，猎人和猎狗已经回家了，老虎也不在近处徘徊，又没有任何危险，你何必那么用劲磨牙呢？”野狼停下来回答说：“我磨牙并不是为了娱乐，你想想，如果有一天我被猎人或老虎追逐，到那时，我想磨牙也来不及了。”

温馨提示：孟子说“生于忧患，死于安乐”，所以做事应该未雨绸缪，居安思危，这样在危险突然降临之时，才不至于手忙脚乱。“书到用时方恨少”，平时若不充实学问，临时抱佛脚是来不及的。机会只给那些有准备的人。千万不要相信，临阵磨枪不快也光，那是自欺欺人。

第10堂课
让自己成为智慧的家教专家
——自己必读的七个故事

“世界是你们的，也是我们的，但是归根到底是你们的，你们青年人朝气蓬勃，正在兴旺时期，好像早晨八九点钟的太阳，希望寄托在你们身上。”

——毛泽东

星期一　天气晴

今天的太阳暖暖的，我和女儿在阳台上静静地享受着久违的阳光。忽然间，女儿像发现新大陆似的大叫了起来：“哎呀～妈妈——您有白头发了！别动别动，我替您拔下来……”那神情，那动作，好像生怕妈妈的头发会立即被白色军团占领似的。我笑了……看着一天天长大的孩子，同样身为母亲的你是否也在暗暗感叹时光的易逝呢？殊不知，今天的我们，其实是从今往后最年轻的一天啊！

智慧妈妈必读故事1：最年轻的一天

我的母亲总鼓励我穿红戴绿。

她曾饶有兴趣地指着一件让我看看都觉得怪不好意思的衣服鼓动我说：“买下来吧！你穿上准好看！”她的声音是那么大，手指坚定不移地指向那件衣服。一时间，我觉得整个商场的人都把惊讶的目光投向了我们。我怀着比在大庭广众之下穿上了那件极不适合我的艳服还要羞辱的心，拖着母亲快速离开，然后有些气恼地对她说："我都多大了！那么艳的衣服，我怎么能穿得出去？"

可是母亲却不以为然。她高声教训我道："今天，就是你从今往后最年轻的一天。你再也过不着昨天了。明天的你就比今天老了，后天呢，你又比明天老了——你还不赶紧趁着最年轻的一天穿点儿漂亮衣裳！"

从今往后最年轻的一天？好奇怪的说法啊！但仔细想一想，可不是嘛，每个人都在过着他（她）从今往后最年轻的一天。昨天比今天光鲜，只是昨天已然逝去。那些花一般的笑影，跌进时光流淌的河里，永远不肯再回来照耀我们此时黯淡的心境。昨天的美丽羁绊着我们的手脚。恍惚中，竟以为可以等，以为在明天的某一方光影里可以镶嵌进一轮迷失于昨天的太阳……其实，怎么可能呢？开弓的箭永不可能回头。而那呼啸着向前的，正是箭一般的光阴啊！

想起那个名叫胡达·克鲁斯的老太婆，在70岁的生日宴会上，她突然发现了自己正在享受着余生中最年轻的一天。她问自己：究竟，我还可以再去做点什么呢？在这样的自问中，她惶恐地发现自己的人生有一个很大的空白——居然未曾尝试过冒险登山！于是她毅然拖着自己在别人看来已是老朽的身体去亲近高山险峰。此后的25年间，她一直在拼死填补着自己的人生空白。终于，在95岁那年，她登上了日本的富士山，打破了攀登富士山的最高年龄纪录。

我有点怕，怕自己笨拙的手抓不牢从今往后最年轻的一天。在这最年轻的一天里，我希望自己微笑着面对镜子里的那个影像，欣赏她，悦纳她，不挑剔她眉宇间岁月的印痕；我希望自己在可以表达爱的日子里，细腻温婉地向所爱的人传达爱的信息，语言动听，动作轻柔；我希望自己永不熄灭攀登灵魂巅峰的热望，见贤思齐，见不贤而内省，学习根须，静默但热烈地去拥抱那轮看不见的太阳；我希望自己保持孩童般神圣的好奇心，将大自然引为爱侣，永不减损端详一朵花时内心的无比悸动与无限怜惜；我希望自己保持敏感——对善意，对真情，对文字，对艺术，不因阅尽了人间春色就无视春色，爱着，感动着，朝前走。

母亲，感谢你提醒我今天是我最年轻的一天。我下定决心在这最年轻的一天里穿起艳丽的衣裳，当然，更要以艳丽的心情去做事，去生活。我，要捧给带我来到这世界的人一个艳丽的人生，也要为我带她来到这个世界的人一个鲜活的榜样。

智慧妈妈启示1：妈妈怎样使自己有积极的年轻心态

（1）培养每天说或做一些使他人感到舒服的话或事，你可以利用电话、明信片，或一些简单的善意动作达到此目的。例如，给他人一本励志的书，就是为他带来一些可使他的生命充满奇迹的东西。日行一善，可永远保持无忧无虑的心情。

（2）务必使自己养成精益求精的习惯，并以你的爱心和热情发挥你的这种习惯，如果能使这种习惯变成一种嗜好，那是最好不过的了。如果不能的话，至少你应该记住：懒散的心态，很快就会变成消极的心态。

（3）当你找不到解决问题的答案时，不妨帮助他人解决问题，并从中找出你所需要的答案。在你帮助他人解决问题的同时，你也正在洞察解决自己问题的方法。

（4）彻底“盘点”一次你的财产，你会发现你所拥有的最有价值的财产就是健全的思想，有了它你就可以决定自己的命运。

（5）与你曾经以不合理态度冒犯过的人联络，并向他致以最诚挚的歉意，这项任务愈困难，你就愈能在完成道歉的时候，摆脱掉内心的消极心态。

（6）把你一生中所发生的所有事件都看做是激励你上进而发生的事件，因为只要你能给事件减少你烦恼的机会的话，即使是最悲伤的经验，也会为你带来最多的财产。

（7）放弃想要控制别人的念头，在这个念头摧毁你之前先摧毁它，把你的激励转而用来控制你自己。

（8）把你的全部思想用来做你想做的事，而不要留半点思维空间给那些胡思乱想的念头。

(9)你应承认，“爱”是你生理和心理疾病的最佳药物，爱会改变并且调适你体内的化学元素，以使它们有助于你表现出积极的心态，爱也会扩展你的包容力。接受爱的最好方法就是付出你自己的爱。

(10)相信无穷智慧的存在，它会使你产生为掌握思想和导引思想而奋斗所需要的所有力量。

星期二　大雨

冒雨去参加了孩子的家长会，发现很多孩子的家长没有出席，因此也争取到了较多时间与班主任老师交流。这位老师给我讲了一个有趣的事例。她说：“有位学生的母亲来找我，劈头就问，他们家小明的成绩不算最好，怎么可能得优，是不是他偷改了成绩。我只有告诉她，成绩并不是孩子的全部，努力才是重要的，更何况我十分深信，过度的批评只会为他带来不幸，但是夸奖却能帮助他燃起希望。”老师说得很在理，我也很想推荐这位母亲看一看以下的这则故事，有关一位母亲因为对家长会的“另类”表达成就了一个孩子的故事。

智慧妈妈必读故事2：改变了人一生的家长会

第一次参加家长会，幼儿园的老师说：“你的儿子有多动症，在板凳上连三分钟都坐不了，你最好带他去医院看一看。还有你儿子不爱学习，这以后可怎么办啊。”

回家的路上，儿子问她老师都说了些什么。她鼻子一酸，差点流下泪来。因为全班30位小朋友，唯有他表现最差；唯有对他，老师表现出不屑。然而，她还是告诉了儿子：“老师表扬你了，说宝宝原来在板凳上坐不了一分钟，现在能坐三分钟了。其他的妈妈都非常羡慕妈妈，因为全班只有宝宝进步了。”

那天晚上，儿子破天荒地吃了两碗米饭，并且没让她喂。

儿子上小学了。家长会上，老师说：“全班50名同学，这次考试，你儿子排第49名。我们怀疑他智力上有些障碍，您最好能带他去医院查一查。”

回去的路上，她流下了泪。然而，回到家后，她满脸欢喜地对坐在桌前的儿子说：“老师对你充满信心。他说了，你并不是个笨孩子，只要能细心些，会超过你的同桌，这次你的同桌排在第21名。”

说这话时，她发现，儿子暗淡的眼神一下子充满了光彩，沮丧的小脸也一下子舒展开来。她甚至发现，儿子温顺得让她吃惊，好像长大了许多。第二天上学时，儿子没有睡懒觉，去得比平时早了半个小时。

孩子上了初中，又一次家长会。她坐在儿子的座位上，等着老师点她儿子的名字，因为每次家长会，儿子的名字在差生的行列中总是被点到。然而，这次却出乎她的预料，直到结束，都没有听到。她有些不习惯，怀疑是不是老师搞错了。临别之时，她去问老师，老师告诉她：“按你儿子现在的成绩，考重点高中有点危险。”

她怀着惊喜的心情走出校门，此时她发现儿子在等她。路上，她扶着儿子的肩膀，心里有一种说不出的甜蜜，她告诉儿子：“班主任对你非常满意，她说了，只要你努力，很有希望考上重点高中。”

高中毕业了。第一批大学录取通知书下达的日子，学校打电话让她儿子到学校去一趟。她有一种预感，她的儿子一定被清华大学录取了。因为在报考的时候，她对儿子说过，她相信他能考取这所学校。

儿子从学校回来，把一封印有清华大学招生办公室的特快专递交到她的手里，突然转身跑到自己房间里大哭起来，边哭边说：“妈妈，我一直都知道自己不是个聪明的孩子，我也知道老师在家长会上说了什么，是你不愿意伤了我的自尊心，让我能一直坚持下去，谢谢你妈妈……”

这时，她悲喜交加，再也按捺不住十几年来积聚在心中的泪水，任它打在手中的信封上。

智慧妈妈启示2：要懂得用鼓励良方

不管孩子在处理自己事情的方法或结果是否理想，都依然有其可取之处——他已付出心力了，这就是他值得鼓励和赞美的地方。透过你的夸奖，孩子不仅能够懂得“努力”比“结果”重要，同时还能激发他们面对挑战的雄心。

但是怎么赞美孩子并不是毫无选择，需要警惕以下几种错误的赞美：

（1）经常性的赞美。请务必为你所鼓励的行为定些标准，而且标准应该阶段性的提高，如此一来，只要一句谨慎的“做得好”就能使孩子拥有难以忘怀的成就感。千万不要“经常性地”予以赞美，这种得来太易的美言效果会大打折扣的。

（2）过度的赞美。也许孩子真的表现不错，值得你好好赞美一番，但如果你的夸赞词是：“即使爱因斯坦再世，也将望尘莫及！”或“贝多芬算什么，我儿子才厉害咧！”那可就大大的失当了。因为当孩子在他人嘴里得不到类似的鼓励时，他小小的心灵可是会受伤的，甚至会开始否定自己。琳琳正在埋头给爷爷画生日卡，最后给“祝爷爷生日快乐”几个美术字涂上了彩色。琳琳妈妈刚好看到女儿的画便大声说“噢！这太漂亮了！爷爷一定会喜欢！”没想到，琳琳盯着妈妈看了一会儿，又看了看自己的作品，非常生气地说：“妈妈，你在说反话吧？这画一点儿也不漂亮！”说完，便使劲儿把它撕碎扔掉了。原来，琳琳本来就对自己的画不满意，加上以前妈妈夸奖过的作品在同伴面前很出丑的教训，使得琳琳不信任妈妈的赞美了。

（3）文不对题的赞美。孩子明明在自然方面表现不错，妈妈却对他的数学能力赞美有加，那也很麻烦。因为他很容易从中了解一个事实：妈妈并不关心他。你是这样的母亲吗？

再者，美国伊利诺大学瑞恩博士的一项研究也发现，凡是习惯于接受赞扬的学生，在面临挑战时很容易崩溃，在创造力、思考力等方面也较一般人差。

正确的赞美是孩子健康成长的“催化剂”，那么，正确的赞美是怎么样的呢？主要有以下三种方式：

（1）期望性赞美。当家长对孩子抱有某种期望时，就容易发现孩子的优点。家长要把对孩子的期望用赞美的语言说出来，如“你的作业这么整洁，我真是高兴，希望你能做得更好”，“你把自己的书桌弄得这么干净，这么有序，真是太好了，我很喜欢”。上面故事中的那位妈妈所说的：“老师对你充满信心。他说了，你并不是个笨孩子，只要能细心些，会超过你的同桌，这次你的同桌排在第21名。”“班主任对你非常满意，她说了，只要你努力，很有希望考上重点高中。”

（2）引导性赞美。当孩子在哪一方面取得一定成绩并有发展的趋势时，家长需要加以循循善诱，通过语言举止给孩子以潜移默化的影响，使孩子在受到赞扬时明确自己该向什么方面发展。如一位孩子写作非常不错，妈妈就说“我们儿子真是个小作家！”而且孩子一写完作文就急不可耐地要欣赏儿子的大作。结果孩子越来越喜欢写作。

（3）鼓励性赞美。当孩子在思想、学习和生活中表现出某种程度的进步时，哪怕这些进步有偶然性，一旦家长发现，最好给予公开表扬和鼓励。比如说，孩子不爱劳动，一天，出于玩耍的乐趣，拿着拖把在屋里拖来拖去，妈妈却带着欣喜的表情对孩子说：“哇！我们家宝贝会帮妈妈拖地了，真是个爱劳动的孩子呀！”又比如孩子学习基础差，但因为最近一段时间努力些了，单元测验成绩有所提高，就要抓住这个机会鼓励孩子，帮孩子找出进步的原因，使其增强自信心，继续提高。

星期三　多云

每天都要面对孩子这样那样的错误，我也在他的错误中不断检讨自己对待他错误的处理方式，他的错误也许并不可怕，但错误被错误地对待却是最可怕的。

智慧妈妈必读故事3：花瓶打碎以后

（1）有一个十岁的男孩，不小心把自家的花瓶打碎了。他的母亲走过来，不分青红皂白，将他一顿猛打。这个男孩长大以后，干什么都畏首畏尾，没有什么大出息。母亲晚年曾叹息：为什么人家养的小孩都有出息呢？

（2）有一个十岁的男孩，不小心把自家的花瓶打碎了。他母亲走过来，哈哈大笑说：“只要我儿子高兴，打碎一个小小的花瓶算得了什么呢？”后来这个男孩就养成了爱摔东西的毛病，特别爱摔镶了金边的碗。长大后，他把万贯家财彻底败光了。他就是民间传说中的沈万财的儿子。

（3）有一个十岁的男孩，不小心把自家的花瓶打碎了。他的母亲走过来，对男孩说："花瓶打碎后，你就不能从其中得到一点启发吗？我们家的花瓶可不能白白地打碎啊！"男孩对着花瓶沉思了很久，但什么也没有想出来，他只好将碎片一块块捡起来。后来，他只要打碎了什么东西，都要思考，都要捡起来。终于有一天，这男孩发现：被打碎的碎片都有它的规律，即大碎片与次大碎片的重量比是16：1，次大碎片与中碎片的重量比也是16：1，中等碎片与较小的重量比也相同。后来小男孩又将他的发现应用于天文学和考古研究，很顺利的就将文物、陨石的残肢碎片恢复出原貌来。这个男孩就是后来鼎鼎大名的大科学家雅各布。

智慧妈妈启示3：做个专业的母亲

每位妈妈心目中都有一个"好孩子"的标准，有的妈妈认为好孩子应该听话、懂事、聪明，而有的妈妈则认为好孩子应该是快乐、自信、独立、有创意的调皮宝宝。不管怎样，妈妈们都很乐于见到自己的孩子符合标准。要成为一名教育孩子的专业母亲，以下的六个方法或许值得参考。

1.培养孩子的自尊心

大发明家爱迪生的资质，其实并没有超人一等，他之所以能成为世界最伟大的发明家，其中的秘诀是：当别人唾弃他、瞧不起他的时候，他的父母却能以颇为"孤芳自赏"的口吻对他说："孩子，你会成功的！你使我感到骄傲！我为你感到非常自豪！"

你会欣赏自己的孩子吗？如果孩子连最起码的被尊重、被重视都无法获得，他哪里会有机会"创造奇迹"？

2.倾听孩子的想法

有的妈妈会埋怨："我家那个小顽皮，玩具替他买了，图画书也一堆一堆，郊游更是不落人后，但他为什么还是和我如此生疏，难道我做得还不够？"其实，并非妈妈做得不够，而是不得"法"，因为她根本没有真正走入孩子的内心世界。

不论玩玩具也好，看故事也罢，孩子都会在其中找到些许疑问或心得，此刻他最喜欢和父母一起分享，听听他们的“发现”。你提供孩子这种机会了吗？如果没有，孩子怎能体会你的“关怀”与“接纳”，怎能从中获得更好的知识积累？

3.启发孩子的好奇心

按理说，每个人的学习都应该源自于好奇心的驱动，比如说，我不了解花的成长，于是回去观察它或翻阅资料；不知道钟的原理，就会很想将它拆卸下来看看。也许你会问：“为什么我现在都没有这种冲动呢？”因为你的原创力已经“殉难”了。在你很小的时候，这些好奇心就在父母的责备、否定、羞辱、禁止中完全被扼杀殆尽。

现在轮到你面对孩子的质询了：“鸡生蛋，还是蛋生鸡？”“为什么会下雨？”“蒸汽怎么来的？”“有没有恐龙？”“星星有多少？”“天空有多大？”……当你面对这些令人头痛的问题时，希望你不要重蹈覆辙，使用一些“长大了就会知道”的老方法来回答孩子。

花点时间陪孩子一起寻找答案，作研究，训练他学会思考，这些都是启发孩子好奇心、培养创造力的好方法。

4.赋予责任心

有句歌词叫“放心不下，是爱哭的你”，说真的，有时父母对孩子的心态也是如此。常常觉得自己的孩子是“无用”、“无知”、“难担大任”的。事实上，往往不是如此。只要你愿意提供机会，并且相信孩子，他们便有能力将事情办得尽合你意。或许他会有几次做得不够理想，不过也是人之常情，因为那是每个人都必须面临的成长轨迹。

何不让孩子为自己的成长负责呢？唯有如此，孩子才能蜕变成为成熟的人。

5.钟爱孩子

几乎每个父母都会一再强调自己最钟爱孩子，即使常常虐待孩子的父母也会以“打是亲，骂是爱”来安慰自己。曾经有一个小女孩因为钢琴没弹好而被罚跪一小时，她的母亲依然表示“那是爱”。

倘若这些都是爱，我们有理由相信“问题小孩”早已绝迹了。

爱不是苛责，也非宠溺，而是一种源自内心的拥抱、微笑和关怀，这样才能支持孩子走过这条原本就布满荆棘的人生坎坷路。

6.鼓励孩子

请切记，鼓励必须符合实际，并且依照孩子的能力，而非你的梦想。根据研究调查显示，被鼓励“全力以赴并容许失败考验”的孩子，成功的比例大约是一般孩子的1.73倍。

专家指出，也许只是简单的一句“为什么不试一下，看看结果呢？”或者说“我相信你有机会做得很好。”对孩子都很有帮助。也许你会认为这么做很难，但如果养儿育女不需要塑陶师的专心、老渔夫的耐心、慈善家的爱心，你又怎么能培育出满意的孩子呢？

星期四　天气晴

有的时候孩子的一句话，一个想法真的让做妈妈的大为惊叹，原来他已经按他的想法成了“大人”了，这种想法和认识中，有的是对妈妈你溺爱的抗拒，也有的是被妈妈忽略后的自我安慰。

智慧妈妈必读故事4：小孩不记大人过

有这样一个男孩儿，妈妈由于自己非常忙，没有时间也没有心情去耐心地教导儿子。而且孩子稍有一点什么让妈妈不顺心的，妈妈不是咬牙切齿地大骂他一顿，就是狠狠地把孩子给揍一顿，妈妈的目的就是让儿子尽量少麻烦她。可孩子并没有因为妈妈的这种态度，就对妈妈不理不睬，每天同样在妈妈面前撒撒娇，要求妈妈给读故事……

妈妈心比较空的时候，想起平时对孩子的态度，觉得有些歉意。但又禁不住问儿子：“妈妈平常对你又是打又是骂的，你为什么还是那么粘妈妈呀？”

你猜儿子怎么回答的。

他却满不在乎地说：“这就叫做小孩不记大人过嘛！不打不相识吗！我

们叫有缘千里来相会，不叫无缘对面不相识。妈妈，你不是有一本大红封面的《钢铁是怎样炼成的》的书吗，我不读就知道钢铁是怎样炼成的，红色不就是表示要经历血与火的磨难吗？我要长大成为钢铁长城般的男子汉，不经历血与火的代价，怎么行呢！其实，你的打与骂比起爸爸的揍人来讲，不过下了一场毛毛雨而已。”

妈妈早已泪流满面了，心如刀铰般疼痛起来。

智慧妈妈启示4：孩子给父母的真心话

根据法国亲子教育中心针对两千四百名双职工家庭的孩子所做的研究发现，这些孩子有以下几种需求。

1. 不要把怒气带回家

这项调查报告发现，47%的孩子表示，他们的父母下班后脾气都不太好。有位九岁的小女孩说：“我妈妈如果在工作中碰到麻烦，回来就会拿我出气，即使翻图画书的声音太大，她也会不高兴。”

孩子需要的是你的关注与安慰，而非怒气腾腾地指东指西，更何况责备孩子并不能消除不愉快的情绪。踏进家门前，何不试着将单位的一切抛到九霄云外，花几分钟让自己好好放松一下。进家门时，记得把快乐带回家！把怒气或郁闷关在门外！

2. 谈谈你的工作情况

也许你并不知道，孩子几乎每天都在猜想：爸爸妈妈在单位做些什么呢？

你曾让孩子了解吗？也许只有少数的父母能够做到，毕竟大多数父母还是抱着“大人的事情，小孩懂得什么”的观念。

如果你有这种想法，可就大错特错了。其实把工作的情况告诉孩子，并不意味着你必须介绍自己的工作性质或过程等，而是代表着你可以让孩子分享你的喜怒哀乐。可能的话，甚至可以找机会带孩子到工作的地方参观。

也许你更想让孩子了解自己的行业，那么也可以找些有关该行业的漫画书给孩子，例如，你的职业是邮差，你可以买本《绿衣天使》的书，让孩子知道信是怎么到邮局的，你又是如何处理这些信的，等等。

3. 听孩子心中的话

这份报告书也问到孩子，最讨厌父母的什么行为，大约有39％的孩子回答“当我想告诉爸爸，今天我在学校抓到一只小蜻蜓时，他还是一面看报纸，一面喝咖啡”，或“我想跟妈妈说今天学校发生的事，可是她只会一直叫我赶快去写作业”。

我们得承认，不论多成熟的父母都可能出现如此的疏忽，但请你别忘了，听孩子说话，对安定他们的情绪大有帮助，而且还可拉近亲子距离。

当你听孩子说话时，别忘了运用以下几个技巧：坐在他的身边；放下手上的工作或休闲；不仅要听他说话，还得有反应，包括点头、反问、微笑等；提出你的看法；接纳他的情绪。

4. 不要老是独自外出

职业父母最重要的自然是休闲。是适宜的休闲，不仅可以让人神清气爽，更能提高工作效率。曾经有位十二岁的小男生说：“爸爸每个礼拜出去打两次羽毛球，我好想跟他去看一看，但是爸爸总是说，小孩子应该留在家里做功课，我猜他一定不喜欢我了。”

身为父母的人，不妨问问自己：是不是常常如此独自外出？是不是常把孩子遗忘了？是否了解你不在家时孩子的心理感受？

5. 做好居家安全

不管你的孩子年纪多大，只要他一个人独自在家的时间不少，就尽量给他一个“安全”的家，并教他怎么应付各种情况，例如，防火器如何使用、怎么按防盗铃、如何打求助电话等。

根据统计资料显示，有80％以上的小孩不敢独自一人在家。如果没有什么必要，应该尽量减少孩子单独在家的机会。

6. 多利用时间

身为一个职业人，工作很少有不忙的，但忙不等于没有时间。时间是人创造出来的，比如说，平时你7:15就起床，何不提早到7：00，利用多出来的十五分钟陪孩子散步、遛狗、做体操，或看看故事书等。再比如说，晚上下班回来，也可抽出一二十分钟，和孩子聊聊今天，谈谈明天，或一些生活琐事；就寝前，别忘了拥抱他们，亲亲他们。虽然这些都是细枝末节的事情，但却可以让爱的种子生根发芽，并茁壮成长。

星期五　天气晴

忙碌的妈妈总是关心是不是爱孩子，而该怎么爱往往成了经常忽略的问题，因为这背后的假设是，多肯定孩子比少肯定好，如果给母爱加上温度计，相信很多妈妈都会发现，原来我们的孩子真的是温室里的花朵啊。

智慧妈妈必读故事五：39℃的爱

很多父母都对孩子关心的程度如同体温般超出，一跃升到了39℃，爱对孩子日后成长会产生怎样的影响，家长们很少考虑。很多家长只是想通过让孩子需要自己，依赖自己，给予孩子并不需要的关爱来确立自己的人生价值、心理满足。简单地说，就是依赖孩子对自己的依赖。父母39℃的爱有哪些表现呢?

1. 保姆型的“爱”

王女士从小特别呵护关心自己的女儿晶晶，她经常代替晶晶做一切事情。后来晶晶上了小学，那段时间，她想尝试自己做事情。可是，王女士总是控制不住自己要去帮助她：有时还带点强迫性。比如看到吃饭时饭粒洒出，不管晶晶愿不愿意，就把饭粒塞到晶晶嘴里。如果晶晶弄得满身菜汤，王女士就会用毛巾帮晶晶擦拭；晶晶要爬楼梯，王女士担心她不小心会跌着，非要背她上去……晶晶逐渐对这种帮助形成了依赖，而王女士也从中获得了满足。但自从晶晶上了寄宿初中后，每天要自己打饭、叠被、洗衣……因为从来没有独自完成过，晶晶在初中里的生活有些手足无措。她的心理压力也特别大，学习成绩更是提不上去。

2. 私爱型的“爱”

雨天刘女士赶去为儿子孟孟送伞，但她把伞交给老师后，要求老师不要告诉儿子是她送去的。

原来，刘女士对孟孟从小就很呵护，她觉得，儿子也该接受她的这种照顾，而且觉得只有自己对孩子的关爱才是最好的，才是最真的。有一次，孟孟上学要迟到了，刘女士的爱人就帮着孟孟选了衣服和鞋。刘女士觉得孟孟身上的衣服不顺眼，让孟孟换一套。孟孟不愿意，刘女士二话不说，进卧室为儿子选了一套衣服，非要他换掉才可以去学校。最终，在刘女士的高压下，孟孟换了衣服，却很不开心。刘女士觉得自己这样做并没有错。她说，是想让孟孟知道，这个世界上，和他最亲的就是妈妈。

可是，自孟孟上初中后的表现却让刘女士处处感到伤心。他不让妈妈到学校门前去接他了，因为他觉得没面子；也常常不愿意回家，更愿意到同学家去做作业……刘女士还是一如既往地关心儿子。但儿子每个动作，每个细节，表现出的全是拒绝，刘女士的心空了！

3.补偿型的“爱”

葛女士的爱人是一家企业的副经理，经常出差，儿子乐乐就由她一个人照顾着。因为爱人不在身边，葛女士觉得亏欠了儿子。只要是儿子想要的东西，她总是想方设法满足。

有一次，葛女士带着乐乐来看望公婆，乐乐刚进门就见桌上有盘梨，他把最大的那个梨抢到了手里。爷爷想趁此机会，教育他一下，就说了句：“好孙子，你知道孔融让梨的故事吗？”葛女士见乐乐无法回答，马上从乐乐手里接过梨子，用刀帮他削了皮，递给他：“梨子要削了皮才能吃，知道吗？”说着，转头对老人说：“他现在还小，再长大些就明白这个道理了，您别和孩子一般见识。”

在葛女士的关怀下，乐乐一天天长大了。葛女士也发现了这种关怀在儿子身上产生的一些后果：儿子十多岁了还不懂得关心别人，就连对待她也是如此。最让她伤心的是，有一次，她病了，儿子竟然不闻不问，吃水果时也仅是自己洗了一个，看也没有看她一眼。只是，他记得妈妈说的那句话：一定要削了皮才能吃。

4.控制型的“爱”

琳琳今年10岁，按理说这个年龄应该很活泼好动。可是，一次妈妈带她去参加单位组织的亲子活动，在众多同龄的孩子中，琳琳却不声不响，独自一个躲到妈妈的背后。

原来琳琳从小主要由学生物遗传学的爸爸带着养大的。琳琳的爸爸杜先生认为，女儿身上有着他的遗传基因，所以在女儿很小时就着力培养。琳琳5岁的时候，有一次，杜先生带她去公园，琳琳看到公园里有些小朋友在开心地玩，她也向滑梯冲了过去，兴奋之余，琳琳大声喊道：“爸爸，快看，我多勇敢！”杜先生却很不高兴地说：“你怎么能玩那个？裙子都弄脏了！”说着，抢前一步把琳琳抱下，要带她去观察一条小毛虫。琳琳不愿意，坐在地上大哭。杜先生也不吭声，就等着她自己起来。

从那以后，杜先生对琳琳管得更严了，琳琳要做自己有兴趣的事，杜先生坚决不让她去做。杜先生认为，孩子还小，所以家长应该为她做选择。

可琳琳进了小学后，功课一直处于中等水平，杜先生就私下加紧督促琳琳学习。琳琳在爸爸辅导时几乎一学就会，可一离开爸爸，表现得不尽如人意了。琳琳的老师家访时也说，琳琳在学校上课时，什么都不主动，总是不自信……

智慧妈妈启示5：让39℃的“爱”退热

（1）反省自己过度的关爱。试问自己两个问题，是不是自己特别依赖对孩子的关爱？每个家长都应该在帮助孩子当中获得快乐，这样我们的家庭才会很和谐。但是，如果你依赖对孩子的帮助，依赖孩子对你的感激之情，那就有问题了：孩子是否需要你的关心？你是不是向孩子提供了孩子不需要的东西强迫接受你的关怀？

（2）怀有一颗平常心。要给孩子创造一个自由宽松的生长环境，多些鼓励，使他们的创造力和想象力依着天性发展，而不是拔苗助长或按父母意愿。

（3）把关心放在孩子的发展需要上。家长应该关心孩子的生理需要、安全需要等，更要关心孩子不断长大的发展需要，要懂得尊重孩子的合理意愿与要求。

（4）根据不同个性和不同时期来关爱。关怀孩子可以根据不同时期的不同需要，不同孩子的不同个性，适当关爱，给孩子一个宽容的成长环境和成长过程。爱孩子就是把孩子当做独立的个体来对待，让我们一起来欣赏诗人纪伯伦的“论孩子”：

你们的孩子，并不是你们的孩子，
他们是生命对自身的渴求的儿女。
他们是借你而来，却不是因你们而来，
他们虽和你们同住，却不属于你们。

你们可以给他们以爱，却不可给他们以思想，
因为他们有自己的思想。
你们可以荫庇他们的身体，却不能荫庇他们的灵魂，
因为他们的灵魂，是住在“明日”的宅中，那是你们在梦中也不能想见的。
他们可以努力模仿你们，却不可企图让他们像你们，
因为生命不会倒行，也不会滞留于往昔。
你们是弓，你们的孩子是从弦上发出的生命的箭矢。

那射者在无穷之中看定了目标，也用神力将你们引满，使他的箭矢迅疾而遥远地射了出去。

让你们在射者手中的“弯曲”成为喜乐吧；
因为他爱那飞出箭，也爱那静止的弓。

星期六　多云

妈妈在教育孩子的问题上，一直对自己的经验缺少参照，当一个竞争对手出现的时候，往往才发现原来还有更好的方法。《继母》里的故事，是两个妈妈不同教育理念和方法的碰撞。

影片简介

卢克·哈里森是一名富有的律师，和妻子杰基·哈里森生有两个孩子：12岁的安娜和7岁的本。但是，卢克和杰基性格不合，经常大吵大闹，最后他们不得不协议离婚，两个孩子则由父母双方轮流照顾。

三年之后，年轻的纽约专业摄影师伊莎贝尔·凯利闯入他们的生活。伊莎贝尔对卢克一见钟情，相处不久就打算搬到哈里森家里同住，而且很想充当继母的角色。但是，两个小家伙却明确表示：不让亲生母亲以外的女人涉足这个家庭，而且，同贤惠的生母杰基相比，伊莎贝尔简直一无是处，她根本不会操持家务。因此，两个小家伙总是想方设法排斥伊莎贝尔。杰基恶声恶气，自然会排斥她；安娜给宠物取名“伊莎贝尔”，存心跟她怄气；本则对可可施魔法，诱她喝下去，阴谋“杀害”她。然而伊莎贝尔并不在意，依然真心诚意地对待孩子们，视同已生。

作为生母的杰基此时心情也非常复杂：一方面她不希望外人涉足拆散自己的家庭；但另一方面她又必须得到伊莎贝尔的帮助，因为她已患了晚期癌症，她需要伊莎贝尔代她接送孩子。就在杰基左右为难之际，事情发生了意想不到的变化，医生告诉杰基原先隐藏在她身上的肿瘤已经开始大面积扩散，很快就要危及生命。由于放疗引起呕吐、体力不支，她不得不请伊莎贝尔代她去接孩子，然而当孩子们与伊莎贝尔打得火热时，杰基却又顿生嫉妒，心头感到一阵酸楚。她不让伊莎贝尔带安娜去听音乐会，却在自己身体状况好转时带女儿去看同一场演出。她看到伊莎贝尔给孩子们拍的照片，也恳请伊莎贝尔在圣诞节时为自己和孩子们留影。她甚至和孩子们演唱伊莎贝尔喜爱的歌，还加上动作表演，玩了个尽兴。真所谓可怜天下父母心！

有一回，安娜在学校遭到男生的骚扰，伊莎贝尔给她出主意，帮她羞辱了那个男生。杰基得知后大怒，以为伊莎贝尔误导孩子，想使安娜变成她那样的人。而后却又深感不安，邀请伊莎贝尔谈心，并把孩子们的后半生托付给她。

圣诞节到了，杰基的时日不多了。她为孩子准备了礼物。她送给儿子本一件魔术师斗篷，并约定日后梦中相见；送给安娜一条拼图被子，上面绣满了安娜的儿时照片，包括她的第一个脚印。卢克也送给本一只作为魔术师道具用的白鸽子。孩子们收到礼物后欢喜雀跃，一家人其乐融融。伊莎贝尔遵照杰基的嘱咐，为杰基和孩子们拍照。杰基邀她一起合影，拍一张全家福。伊莎贝尔闻听此言，先是一愣，而后欣慰地笑了。

伟大的母爱终于战胜了个人强烈的嫉妒心，两个女人摈弃前嫌，一个新生的家庭终于诞生。

影片启示：母亲是天使！

是敌人？是朋友？是老师？还是姐姐？一个好的妈妈，似乎应该能胜任以上诸多的角色，而且应该有能力在这些角色中自如游走，爱是尊重，爱是理解，爱是平等，在爱孩子的同时也争取孩子的爱，是妈妈的智慧所在。只要懂得理解孩子，只要懂得关爱孩子，只要懂得照顾孩子，就是伟大的母亲，就是伟大的母性！妈妈是天使般的人物。

有一个小孩即将出世。

一天，这个小孩问上帝："你们告诉我明天你将要把我送到地球。可是，为什么我在那儿会那么弱小，那么无助呢？"

上帝说："在所有的天使中，我已经选中了一个给你。她将会等待你和照顾你。"

"不过，"小孩儿说，"请告诉我，在天堂我除了歌唱和微笑之外，什么都不做。这些是我快乐所需要的！"

上帝说："你的天使每天会为你歌唱和微笑，你将会感受到你的天使的爱，你会感到快乐。"

"还有，"小孩儿又问了，"如果我不懂他们说的语言，当人们对我说话的时候我怎样才会理解呢？"

"这很简单，"上帝说，"你的天使将会教会你语言中最美丽和最甜美的词语，带着最大的耐心和关怀，你的天使将教会你怎样说话。"

小孩儿抬头看着上帝问："我想和你说话的时候，我该怎么做呢？"

上帝微笑着对小孩儿说："你的天使会把你的双手放在一起，然后教会你怎样祈祷。”

小孩儿问：“我听说地球上有坏人，谁将会保护我呢？”

上帝把手放在小孩儿身上，说：“你的天使将会保护你，甚至会冒生命的危险！”

小孩儿看起来有些悲伤，他说：“我将会一直感到悲伤，因为我再也看不到你了。”

上帝拥抱着小孩儿说：“你的天使以后一直会跟你说有关我的事情，还会教你回到我身边的方法，我一直与你同在。”

在这一刻，小孩儿在天堂感到了无比的安详，不过已经可以听到从地球传来的声音……

小孩儿有点急促，问：“上帝啊，如果我现在将要离开，请告诉我，我的天使的名字！”

上帝回答说：“你的天使的名字并不是那么重要，你可以简单地叫她‘妈妈’！”

星期日　小雨

很想让孩子体会一下做妈妈的苦，但这种愿望要等上十几年才会实现，看了《辣妈辣妹》的故事，忽然发现，我应该在这十几年的时间里多体会一些做孩子的心情。

影片简介

如果发生怪事的话，没有比发生在13号星期五这一天更适合了。——这个故事就是发生在一个诡异的星期五早晨。

苔丝·科尔曼是个中年女医生，她守寡多年，和自己十五岁的女儿安娜生活在一起，但两人却十分不和。长久以来，她们母女俩彼此看不惯对方的品位，对发型、服装、音乐、异性的看法可说是南辕北辙。两人总在斗嘴。母亲不理解女儿的高中生活，女儿也不明白做医生的母亲的责任和她的未婚夫。这天两人又闹起来，并认为对方在生活中的表现让自己很不

满意，觉得如果相同的情况让自己来应付，肯定可以轻松搞定，活得漂漂亮亮，而不会像现在这样一塌糊涂。

在一个周四的晚上，她们的冲突达到了顶点：女儿安娜生气妈妈不支持她在乐团的表现；妈妈苔丝则生气女儿不给即将跟自己完婚的未婚夫莱恩好脸色。母女俩互相指责，说要是自己换成对方，肯定不会过得那么失败。

没想到，她们这个无心的“愿望”竟然真的实现了。那天晚上，她们无意中吃了两块神奇的中国饼干，在饼干的魔力下，第二天(星期五)早上一觉醒来——天啊，妈妈发现自己的身体换成了女儿的，而女儿的身体则换成了妈妈的！母女俩竟然真的调换了身份！

无奈之下，她们只好“对调生活”。于是，“变成”女儿的妈妈背着吉他去音乐会演奏，却怎么也搞不好；“变成”妈妈的女儿则频繁约会，令她大感不快。但是，慢慢地，她们竟通过这种方式了解了对方的生活，发现对方并不是自己想的那么糟，而母女俩的“配合”也越来越默契。

但是，苔丝和莱恩的婚礼周六就要举行了，母女俩必须在婚礼前把身体换回来，否则可就坏了大事。她们想尽一切办法，甚至对跑相撞，还是无济于事。眼看婚礼的日子就要到了，她们却毫无办法，只好眼睁睁看着闹出一堆笑话……

影片启示：有时现实中不需要对换角色也能理解！

代沟，长辈和晚辈间永远的话题。现在年轻一代和年长一代之间的问题不是如何解决代沟的问题，而是如何更好地相处的问题。家长们给了孩子们所想要的一切，但是却并不理解，所以以自己的方式去给予他们。但孩子们却也不理解，既然给予了一切，为什么还要有限制，所以我们抱着各自所持有的态度相处着。《辣妈辣妹》正是通过一个近乎理想的夸张想法，当她们互换身份时，她们才真正了解到彼此的生活，或许处在她的位置你会比她做得更恶劣，就像妈妈被女儿的朋友考试所害，在受到帮助时，她竟恶意地去报复。在这样的交换身体笑话中让一对母女在对方的世界里重新认识了自己。生活毕竟不是玩笑，但亲子之间的相互理解却是需要这样的奇思妙想去加速实现的。

其实，现实中有时用不着电视电影等文艺作品中表现的那么夸张就能解决母女之间的问题。妈妈的积极心态，妈妈的宽宏大度，可能就是女儿成功的维生素。

有一个女孩，学习本来非常不错的。高中毕业时却因为一些原因没有能够考上大学。便来到一所当地的初级中学教书，结果，上课还不到一周，因为解不出一道数学题，被学生轰下讲台，灰头土脸地回了家。回家见到母亲，女孩的眼泪就哗啦啦地流了下来："妈妈，我觉得自己好委屈啊。为什么我这么爱他们，就因为一道题目解不出来就落得这个下场呢？"

母亲为她擦了擦眼泪，安慰女儿说："满肚子的东西，有的人倒不出来，有的人倒得出来。没有必要为这个伤心。找找别的事情，也许有更合适的事情等着你去做呢，我们为什么非要做这个工作呢？"

后来，女孩平息了自己心里的怨气，刚好有本村的伙伴要出外打工，他就随着那些伙伴一起出去了。到了大城市，好不容易找到了一份工作，糟糕的是，没过几天她又被老板赶了出来，原因是她裁剪衣服的时候太慢了。别人一天可以裁制出六七件来，而她仅仅能够做成两件，而且质量还不过关。女儿最后在城里待不下去了，还是回到家里。母亲还是很温和地对女儿说，手脚总是有快有慢的。别人已经干了许多年了，而你初来乍到，怎么快得了呢。所以，不要在意这个，不是你不行，只是时间的问题。说完，便为女儿打点行装，准备让她到另一个地方试试。

女儿先后到过几家工厂、公司，当过编织工，干过营销，做过会计，但无一例外，时间不长都半途而止了。然而，每当女儿失败后满脸沮丧地回家的时候，母亲总是安慰她，从来没有说过抱怨的话。

一个偶然的机会，女孩受聘于一所聋哑学校当辅导员。这一次她如鱼得水，几年下来，她凭着学哑语的天赋和一颗爱心与学生建立了良好的互动关系，深受学生们的爱戴，成为了学生们喜爱的老师。她干得非常出色。后来，她自己申请开办了一所残障学校；再后来，她又在许多城市开办了残障人用品连锁店。如今，她已经是一位爱心和资产都不少的女老板。

有一天，功成名就的女儿凑到已经年迈的母亲面前，她想得到一个一直以来很想知道的答案。那就是，那些年她连连失败，自己都觉得前途渺茫的时候，是什么原因让母亲对她那么有信心呢？母亲的回答朴素而又简单。她说：一块地，不适合种麦子，可以试试种豆子。豆子也长不好的话，可以种瓜果，瓜果也不济的时候，撒上些荞麦种子一定能开花。因为一块地，总有一粒种子适合它，也终会有属于它的一片收成……

妈妈是人生的智者，她的积极的生活态度、她对女儿多次失败的宽容，让女儿终于脱颖而出，因为她知道每一粒种子都有发芽的可能，只是有时候自己还没有找到适合自己的土地而已。生命蕴含着太多的可能与无限的潜能，只要自己坚持不懈地突围，发芽只是时间的问题。

故事资源库：

1.最后一个苹果

小时候家境不是很好。我们姐妹不能像富家的孩子一样，随心所欲地吃自己喜欢的零食。母亲很细心，总是在秋天挑拣一些质量上乘的苹果，等天冷了，储藏在她那只陪嫁的木箱里。

寒冷的冬日里，当母亲高兴时，当我考出好成绩时，当我不听话时，当母亲想要把我一个人留在家里时……母亲总会变魔术似的在我眼前亮出一个红红的苹果。

每一次，当母亲把苹果捧在我面前，慈爱的目光从苹果上面柔柔地拂上我的脸，都是同样的一句话："这可是最后一个苹果哦！"

而每一次，我都会把这"最后一个苹果"紧紧捂在小手里，直到苹果变得温热，果皮像抹了油一样闪亮，才小心翼翼地用水果刀把它切成四份，或者更小的片，慢慢品尝。吃得满屋芬芳，口颊生香，回味无穷！

就这样，从隆冬季节到春暖花开，我隔三差五地吃着"最后一个苹果"。

有“最后一个苹果”的滋润和营养，冬季并不漫长。

随着年龄的增长，当母亲再说“这是最后一个苹果”的时候，我分明看到母亲嘴角压抑的微笑和滑过那双美丽眼眸的“狡黠”。但我从未点破，仍然乖乖地听话。因为我已习惯了，也愿意用心去慢慢品尝这“最后一个苹果”。

如今，我一年四季都能吃到新鲜的水果。但没发现哪一种水果能比得上母亲那“最后一个苹果”的香甜。

2. 膝盖上的花朵

我是和男孩子一起玩大的。在“七岁八岁狗也嫌”的岁月里，我和男孩子一样跌、打、滚、爬，衣服经常是出现豁豁口口，裤子大多在膝盖上出窟窿。

可母亲不愁。等我睡下，母亲就找来各色的布片，坐在我的床头，剪成花朵，剪成小动物，贴在窟窿上，针线在母亲的巧手与窟窿间穿梭，我便在花和小动物的故事里睡去。一觉醒来，我的裤子上准能开出“花”。

于是，一条破裤子也能成为我炫耀的资本。

同样是窟窿，有的人也就是简单地补缀一下，有的人是缝上方的或长的补丁，有的人可能就任其开着，让它成为一个丑陋的疮疤。

而有的人，和我母亲一样，能把窟窿变成了美丽的花朵。

3. 我是小小的音乐家

母亲有一副好嗓子。“谁不说俺家乡好”，“蓝蓝的天上白云飘”“一条大河波浪宽”，“树上的鸟儿成双对”…… 种种鲜明美丽的意象，和着优美的旋律，充盈着我儿时的记忆。

常常的，母亲给我搬个小凳子，让我趴在椅子上画画，她便出出进进地忙碌着。进进出出中，闪亮的目光扫遍我的全身，微笑，点头，教我唱：“我是小小的音乐家，唱歌呱呱叫，歌声叫呱呱 ……”

印象最深的，是母亲里里外外地忙完后，哼着小曲，拨弄着墙上的油灯，摆正窗台上的烛台，或者把手电筒谨慎地置于枕边。

“妈妈，大白天的你弄那个干什么啊？”我不解。

“停电时，妈妈能尽快地让屋子里亮起来啊。”妈妈简单地应到，语调淡淡的。

“是啊，就这么简单。”

那时，父亲长年在外，是母亲一个人辛苦地操持着这个家。

如今想来，艰苦岁月里的歌声，不就是那黑夜里的灯光吗？

4. 一树丝瓜

那年秋天，母亲院子里的那棵石榴树死了。

我说："刨掉吧，放在院子里没什么用，还难看。"

"谁说没用！"母亲嗔怪道："用处大着呢！"

有用就留着好了！我不屑。也没有多问。

第二年"中秋"，我回家看望父母，惊奇地发现母亲的院子里多出一个绿色的小山！是丝瓜！我掀起丝瓜遒劲的藤蔓，发现支撑瓜秧的正是去年死去的那棵石榴树——我说没有用的，碍眼的那棵枯树。

看着满树饱满的丝瓜，我不由得为母亲的智慧所叹服。

"落红不是无情物，化作春泥更护花"。

自然界里没有什么残枝败叶，只要能找到合适的位置和适当的方式，枯树也能为这个世界撑起一片绿色，奉献累累硕果。

于是，我记起了一句话：你是一块叫做螺母的铁，而不是一个叫做废铁的螺母。

5. 收藏一份美丽

前几天回娘家，母亲院子里的月季开得正盛。有的紫红，有的桃红，有的粉红，有的是米黄的象牙色中带着几丝血晕，花团锦簇，满院飘香。

吃过午饭，天阴沉了起来，南来的风在这盛夏却带着丝丝凉意。母亲说："要来大雨。看这凉劲儿，没准有冰雹。"

母亲说着，进屋拿来一把大剪刀，走进花坛，一会俯首，一会踮脚。不一会，地上的篮子里便装满了最美的花朵，其中有许多是含苞未放的。

我明白了母亲的用意。便找来花瓶，花瓶不够又找来几个酒瓶。转眼工夫，美丽的月季开满了房间的角角落落。

正如母亲所料，不多时，狂风暴雨夹杂着大块的冰雹从天而降。院子里的月季在风雨中挣扎，但最终，也没有逃过随风飘零，随雨流转的命运。

月季的身躯在风雨中饱受摧残，它的花却安然地盛开在屋子里面。

我和母亲静坐窗前。母亲的目光掠过一瓶瓶的花簇，与我的含笑目光相遇——

母亲微微一笑，无言。

相关链接：

给家长的100条建议

教育篇：

1.每天花半个小时和孩子交流。

2.培养孩子良好的习惯。

3.培养孩子爱学习、爱思考、爱卫生的好习惯。

4.多听听孩子的声音！——用耐心、用爱心、用开心，心是长着眼睛的！

5.不要为了提醒孩子，而总是揭孩子的伤疤。

6.严肃指出孩子的错误！

7.不要总对孩子一本正经，要多和孩子一起欢笑：因为笑声能让孩子更加热爱生活；引导孩子积极、轻松愉快地看待事物。

8.给孩子讲故事，要有耐心，故事有一定的教育意义。

9.不要把当年未曾实现的理想强加在孩子身上，想让孩子去实现。

10.关爱孩子但适当时候适当的惩罚也是需要的，不要护孩子的短。

11.教育并不一定只是讲道理，有时可以适当采取一些强硬的措施。

12.结合孩子的表现，每天思考至少一个关于孩子成长的问题。

13.对孩子进行艺术教育，培养幼儿时期的孩子高雅的审美情趣，注意引导、丰富幼儿时期孩子的感性认识，在大自然中加深幼儿时期孩子的情感体验，是非常有益的。

14.对于幼儿时期的孩子，不要让他们长时间地和祖父母辈住在一起，隔代更亲，比较溺爱，不利于教育。也许没有科学道理，但绝对适用。

15.注意培养孩子的善心。古人云：勿以恶小而为之，勿以善小而不为。

16.教会孩子微笑，微笑面对生活的一切，微笑面对人生。

17.对孩子不要乱许愿，承诺的事情想尽一切办法也要兑现。

18.要经常换位思考！对孩子的所做、所想等，家长应经常换位思考，假如我是孩子的话，我将会怎样?

19.给孩子一定的空间和自由，同时给孩子一定的压力和责任!

20.向孩子说明，他本身已经很可爱了，不用再表现自己。

21.从来不当着孩子的面说自己孩子比别的孩子差。

22.绝不用辱骂的方式来惩罚孩子。

23.在孩子干的事情中，不断寻找值得赞许的东西。

24.不要威胁、恐吓孩子，以免造成孩子过分胆小、怕事。

25.不要当众批评和嘲笑孩子，以免造成心理畸形，失去自信心等。

26.不要对孩子过分严厉。以免孩子惧怕、害羞不敢发表自己的观点，养成面善心恶的性格。

27.不要过分夸奖孩子。以免孩子养成“沽名钓誉”的不良习气。

28.不要暗示孩子做不良的事情。比如，打架一定要打回来、自己的东西不给别人吃、乘车不购票等。

成长篇:

29.给孩子一些私人空间。

30.给孩子选择的机会和权利。

31.让孩子自由选择自己的伙伴、朋友。

32.让孩子做他(她)想做的事情。

33.为孩子准备一个陈列架，让他在上面展示自己制作的物品。

34.认真地对待孩子提出的正经问题和看法。

35.把孩子当做成人一样，和他平等相处，把孩子当成自己的朋友。

36.及时发现孩子的点滴进步，懂得赏识孩子。

37.记得对孩子说:我爱你，你是我的宝贝!

38.记得经常亲吻你的孩子，抱抱他(她)，摸摸他(她)的头，让他知道你的爱!

39.随时关注他(她)的进步，并也让他(她)自己知道自己的进步！及时发现孩子的点滴进步，懂得赏识孩子。

40.鼓励孩子尽量不依赖成年人。

41.在生活中创设一些困境，和孩子一起渡过。

42.多与孩子进行沟通，了解孩子，与孩子同行。

43.不要给孩子贴上“笨”的标签。

44.家长要耐心地倾听孩子的烦恼。

45.要学会真诚地赞美孩子，而不是像对宠物一样说句“你真聪明”。

46.让孩子经常有机会和他的同伴在一起。

47.关心孩子的身体健康，更关注孩子的情感需要。

48.让孩子先成人再成才，教育的根本目标是培养孩子成为一个健全的人。

生活篇：

49.给孩子留出真正的“玩”的时间和空间。

50.每天早上与孩子相互问候，让他感受到美好一天的到来。

51.给孩子一些钱，让孩子学会理财。

52.没有得到孩子的许可，不要看孩子的日记与信件。

53.经常和孩子郊游。

54.睡前给孩子讲讲故事，让孩子笑着入睡！

55.给孩子一个主要供他玩耍的房间或者房间的一部分。

56.如果有条件，每天晚饭过后和孩子到户外散散步。

57.快乐与孩子一起分享！

58.对小家伙开心地笑，并希望他（她）也笑口常开！

59.帮助孩子与来自不同社会文化阶层的孩子正常交往。

60.鼓励孩子与各种年龄的人自由交往。

61.教会孩子骑自行车，游泳，这都是进入社会的一种基本技能。

62.夫妻实在要吵架，请一定要记住：避开孩子。

63.每天下班回家看到孩子，首先微笑着问他一遍：孩子，你今天快乐吗？

64.不给他留有太多的物质遗产，给他一个健康的身体，给他一个健康的心理，一个快乐的人生。

65.着重进行孩子生活能力和行为习惯的培养。

66.只要与创作尘埃有关，不要责备孩子房间里或者桌面上乱。

67.父母对自己的双亲要孝敬有加，让孩子觉得家中充满了爱，同时父母也是他们值得学习的榜样。

68.父母之际间要互相谦让，相互谅解。

69.不要太关心孩子。“自己的事情自己做”，以免孩子养成以我为中心的坏习惯。

70.为了避免孩子养成性格孤僻的恶习，不要太亲近孩子。让他与年龄相仿的孩子多交往。

71.为了避免孩子养成好逸恶劳的性格，不要孩子要啥买啥。让他知道“劳动与所得、权利与义务”的关系。

学习篇：

72.与孩子一起学习。

73.不要逼孩子学自己不喜欢的东西。

74.不要因为孩子的成绩而一味责骂孩子。

75.不要因为孩子试卷上的低分而认为孩子没有出息。

76.教他（她）足以带来成就感的知识：古诗、数字、故事、家务、玩耍、交朋友……

77.教育孩子读好书、好读书。

78.和孩子一起读书。

79.不要对孩子的学习成绩表示太大的关注，那样会造成孩子学习紧张，压力增大。

80.不要把孩子的成绩与其他孩子相比，要分析一下造成这种现象的原因，反思一下有没有自己的责任。

娱乐篇：

81.和孩子一起看他喜欢的动画片、一起听他爱听的故事等。

82.和孩子一起玩游戏、锻炼身体。

83.控制孩子看电视的时间，每天在半个小时到一个小时之间。

84.多让孩子看一些少儿节目:动画片、益智节目等，少看动作片、连续剧。

85.孩子看电视时，家长们适时地陪他们一起，并且对里面的内容作一些讲解与讨论。

86.春天可以和孩子骑自行车去郊游，夏天和孩子一起去河边游泳，秋天则背着铁锅和孩子去野炊，冬天一家三口在野地上打雪仗，堆雪人。

87.允许孩子收集各种废弃物。

88.孩子的朋友来做客时要表示欢迎。

理解篇：

89.不要把孩子的特点当缺点看待。

90.甘做孩子的心有灵犀一点通的精神支柱。

91.其实你说一遍孩子就已经记住了，只是没有做到而已。

92.用经过大脑思考和心灵感受过的语言去教育孩子。

93.鼓励孩子要有进步，永不停步的进取精神。

94.我的孩子我有时未必非常了解。

95.把孩子当孩子看，不要当成小大人。

96.理解童心，感悟童心。

97.能和孩子成为亲子关系是一种缘分，珍惜这份缘。

98.和孩子共享人生的丰富多彩、酸甜苦辣。

99.懂得尊重的父母培育出懂得尊重的孩子。

100.为孩子人生播种希望的种子。

实践篇

智慧妈妈练功坊

随着孩子一天天地长大，好好的智慧要想与日俱增，仅仅知道一些相关的理论知识还远远不够，还需要相应的实践行为。妈妈的教育观念决定其教育行为，教育行为决定其教育习惯，教育习惯决定孩子的命运。只要工夫深，智慧的教育行为一定会扎根。

第11堂课
妈妈的7大家教智慧功夫

当您的孩子呱呱落地那刻起，您便开始修炼起“武功”——如何用最恰当的武功秘诀教育他们是一件时时让你牵挂的事情。和孩子周旋，轻则无关痛痒，重则“吐血身亡”。即便您有长年累月积累的“内功”，他们也正在成长。那么就好好修炼以下这些功夫，以备不时之需。

妈妈智慧武功1：皮格马利翁效应

在心理学上，把由于他人的期望和热爱而使人们的行为发生与期望趋于一致的变化，称为皮格马利翁效应，又叫罗森塔尔效应。这种效应说明：第一，人的智商和能力是可以通过外力“激活”的；第二，信任和期望是“激活”人们智商和能力的基本要素。

宗　师

美国哈佛大学心理学家罗森塔尔。

武功秘诀

第一，人的智商和能力是可以通过外力“激活”的；第二，信任和期望是“激活”人们智商和能力的基本要素。

智慧武功解读

远古时候，塞浦路斯王子皮格马利翁喜爱雕塑。一天，他成功塑造了一个美女的形象，爱不释手，每天以深情的眼光观赏不止。看着看着，美女竟然活了，这是一则神话，但心理学家却从中得到很大的启发。

1968年，美国心理学家罗森塔尔和雅可布森来到一所小学，他俩从一至六年级中各选三个班，在这十八个班的学生中进行了一次煞有介事的"发展测验"。然后，他俩以赞美的口吻将有优异发展可能的学生名单念给有关老师听。名单中有些在老师意料之中，有些却不然，甚至是水平较差的学生。对此，罗森塔尔解释说："请注意，我讲的是发展，而非现在的情况。"于是老师们从内心接受了这份名单。罗森塔尔叮咛教师不要把名单外传，只准教师自己知道，否则就会影响实验结果的可靠性……八个月后，他俩又来到这所学校，对十八个班进行复试，结果他们提供的名单上的学生成绩有了显著进步，而且情感、性格更为开朗，求知欲望特别强，敢于发表意见，更乐于与他人打交道，与教师关系也特别融洽。

这到底是怎么一回事？原来这是罗森塔尔和雅可布森进行的一次期望心理实验。他们提供的名单纯粹是随便抽取的，根本没有考虑学生的知识水平和智力水平。他们通过"权威性的谎言"暗示教师，坚定教师对名单上学生的信心，调动了教师独特的深情，虽然教师始终把这些名单藏在心灵深处，但掩饰不住的深情仍然通过眼神、笑貌、音调滋润着这些学生的心田，实际上他们扮演了皮格马利翁的角色。学生潜移默化地受到影响，他们变得更加自信、自爱、自尊、自强，变得更加幸福和快乐，奋发向上的激流在他们的血管中荡漾。这个令人赞叹不已的实验，后来被誉为"罗森塔尔效应"。又因为这个效应和希腊神话中皮格马利翁的故事相仿，故又称为"皮格马利翁效应"。此外，对少年犯罪儿童的研究表明，许多孩子成为少年犯的原因之一，就在于不良期望的影响。他们因为在小时候偶尔犯过的错误而被贴上了"不良少年"的标签，这种消极的期望引导着孩子们，使他们也越来越相信自己就是"不良少年"，最终走向犯罪的深渊。积极的期望促使人们向好的方向发展，消极的期望则使人向坏的方向发展，人们通常用这样来形象地说明皮格马利翁效应："说你行，你就行，不行也行；说你不行，你就不行，行也不行。"要想使一个人发展更好，就应该给他传递积极的期望。

智慧妈妈"习武"心得

儿子已是三年级的孩子了，却依然调皮捣乱，疯疯癫癫地爱搞恶作剧。在学校，老师也是隔三差五地叫我去，数落他种种顽皮行为。每次遇到这种情况，我便忍不住狠狠教训一番，而他当场都表示悔过，言明不再重犯。但第二天又会听到有关他更荒诞的小把戏。

我受到皮格马利翁效应的启迪，心想如果依照这一心理效应帮助儿子纠正他的顽皮劣习，岂不事半功倍？首先，我当着他的面扔掉了棍棒，以朋友的姿态主动接近他，取得他的信任。开始，儿子愣愣地看着我一改往日冷峻的面孔，以为我暗藏杀机，先礼后兵，准备给他点"颜色"看看。但10天过去了，一个月下来了，我依然如故地善意言行，使他慢慢地相信我所做的一切是真诚可信的，久而久之，我们成了"朋友"。他放学回家时，都能坦诚地把在学校里发生的事情告诉我，有时还让我帮他出谋划策。此时，我抓住他感兴趣的事情和话题因势利导。

（1）使用暗示的方法。为避免引起儿子的反感和恐慌，遇到他说谎的时候，我便婉转而耐心地通过讲述其他有警示意义的事情来提示、暗示、诱导其讲出真话。同时，还采取另一种说法，如：你刚才说得很棒，不过我好像觉得还没有讲完，你再想一想，应该会更精彩的。但切记，千万不要带有"撒谎"、"骗人"的字眼，以免使孩子的自尊心受到损伤，那样会让彼此陷入更尴尬的境地。

（2）善于使用寓言故事。儿子虽然感到自己已是个小小男子汉了，可这样的年龄仍很幼稚。因此，我常常选择一些生动诙谐、富有哲理的寓言（成语）故事来启发他，像"狼来了"、"爱搞恶作剧的长鼻子"、"初生牛犊不畏虎"、"说谎的小矮人"等脍炙人口的童话故事，使他从中渐渐品味出打人的后果、骂人的害处、说谎的可悲。

（3）及时进行鼓励。当他取得一些成绩时，哪怕有一丁点的进步也要当场用自然而郑重的口吻来表扬、鼓励他，让他感到温暖和关爱时时刻刻围绕着他。可这种鼓励不应掺杂着包庇和纵容的成分。发明大王爱迪生小学只上了三个月就被学校开除了，理由是"智力低下。"但他的母亲则对他说："你肯定比别人聪明，这一点我坚信不疑，所以你要坚持自己读书。"

经过母亲的鼓励，经过自己不懈努力，爱迪生成了发明大王。恰如其分的鼓励会形成一股克服缺点和错误的无形动力。从某种意义上讲，鼓励会产生净化的作用，我采用奖励一支笔、一次旅游、一场电影的方式，让他体验到还有比调皮捣蛋更有趣、更有意义的事。

（4）激将法也不失一种好方法。儿子遇事不服输。我抓住这一点进行激将。此举一定要慎重、认真，是在他有了可喜进步之后实施的。一次，儿子放学回家时，一进门就兴高采烈地跟我说："今天数学单元测试卷发下来的时候，最后一题是加分题，加10分，全班就我一个人做对了。老师表扬了我，说我做的题最有创造性。""那你总分多少呢？""66分。""不算加分题，才56分，还有创造性呢，不过是猜对的吧。""才不是呢，老师都说我有创造性。不信我就证明给你看。"以后的日子里，孩子总是让我给他找题做，要找难题，而且他非做出来不可。半个学期下来，儿子的期末考试居然从一个差生变成了前几名。我也找出一些典型而可比性较强的实例来激发他的自尊心，从中使他学会宽以待人，在逆境中知难而进，在掌声中保持寻常的心态。譬如说：你们学校有名的调皮大王已成了"三好学生"，我想你会做得比他更好！不久，儿子的品行和学习取得了惊人成绩，被评为全市优秀少先队员，获得了"少年爱迪生"等荣誉称号……正如费理德曼教授所言：如果孩子总是被责备，他就会失去耐心；如果他常常被赞美，那么，他会对未来充满美好憧憬，爱你、爱我、爱整个世界。

请您尝试一下使用"罗森塔尔效应"对待您的孩子，同时记录您的心得和发生的变化。

小知识 自己人效应

在人际交往中，彼此会相互影响。这种相互影响有时是无意的，有时则是有意的，即一方对另一方有意识地施加影响，以便矫正对方某种行为。有意施加影响的技巧很多，其中“自己人效应”便是其中之一。所谓“自己人”，是指对方把你与他归于同一类型的人。“自己人效应”是指对“自己人”所说的话更信赖、更容易接受。

妈妈智慧武功2：迁移效应

心理学上把一种学习对另一种学习的影响叫做迁移，具体地说，就是在一种情境中技能、知识和理解的获得或态度的形成对另一种情境中的知识、技能和理解的获得或态度的形成的影响。比如我们平常说的举一反三、触类旁通。这种情况在人成长中的很多方面都存在，我们把这种现象称做迁移效应。

宗　师

多名心理学家：桑代克、伍德沃斯、贾德等

武功秘诀

在心理学中，一种学习对另一种学习的影响，叫做“迁移效应”。(1)先行学习A促进了后继学习B的效应，称为正效应，又称为顺向迁移；(2)先行学习A干扰和阻碍了后继学习B的效应，称为负效应；(3)先行学习A促进了后继学习B无任何影响，称为零效应。(4)后继学习B对先行学习A产生的影响，称为逆向迁移。

智慧武功解读

对迁移这一心理效应主要有以下几种观点：

(1)形式训练说。古希腊人特别重视音乐、数学和演讲的训练，认为它是发展心理能力的很好的工具。官能心理学代表人物沃尔夫认为，人的心智由许多不同的官能组成，不同官能活动相互配合就形成各种心理活动。学习的迁移是人的心灵官能受到训练而自动发展的结果。也就是通过某种学习使某种心灵官能得到训练，从而转移到其他学习上去，使其他学习更加容易。

（2）共同要素说。是I.L.桑代克和R.S.伍德沃斯提出的一种迁移理论。桑代克认为，一种学习之所以对另一种学习产生影响，是因为两者有学习的共同要素。如学会加法有助于学习乘法，但仅限于乘法中能用加法处理的内容。伍德沃斯认为，两种活动中有共同的成分才能发生迁移，不仅包括内容也包括程序的相同。内容的相同如阅读和作文产生迁移是因为使用了相同的文字；程序的相同是指习惯、态度、情绪、原则、过程和策略等通用于不同的情境中。

（3）概括化说。是C.H.贾德于1908年根据自己的实验，批评了共同要素说，提出的一种迁移理论。这种理论认为，在经验中学到的原理原则才是迁移发生的主要原因，迁移的发生，关键在于学习主体对已有知识、经验的概括化理解。概括力高迁移效应就大；反之，就小。

（4）学习定势说。是苏联定势心理学派提出的一种迁移理论。它强调在学习中定势对迁移的影响作用。定势是关于活动方向选择方面的一种倾向，也是一种活动经验。比如：在棒球队员中选拔出高尔夫球的集训队员；让会英语的人去突击学习法语、德语、西班牙语一般都会取得较为理想的效果。这是正效应。日本司机在美国开车，常常发生困难，甚至出现车祸。这主要是因为在日本是“车左、人右”，而在美国却恰好相反。这就是负效应了。

所以我们可以看到这一理论对学习有着许多启示：一是要注意发现概念、原理的相同、相通之处；二是注重学习方法的总结，即在学习过程中注意掌握那些具有规律性的解决问题的方式方法；三是要广泛地积累各方面的学习经验；四是要注意防止在学习过程中，尤其是在解决问题的过程中产生定势。

智慧妈妈“习武”心得

期中考试的成绩出来了，安安的成绩总体还可以，但是语文不好。安安对于要背诵的科目比如语文会明显表现得很厌烦，虽然我一直鼓励引导她对语文的兴趣，但成绩出来，我好像还是失败了。我一直知道安安学习时只对自己有兴趣的科目专心，但偏科这个问题很头疼，感觉好像就是天生的。没有办法，于是马上预约了一个儿童学习心理专家进行咨询。跟咨询老师聊一个多小时，感觉很好，把咨询老师的主要意思记录下来，以便在以后的辅导中能够利用。

咨询老师认为安安是一个很有主见的孩子，很知道自己喜欢与擅长的项目是什么，并愿意在擅长的部分多加着墨努力精进，但是对于需要熟练与记忆的项目，则明显表现出倦怠与偷懒，不想重复练习。老师说，如果我不断鼓励安安，企图让他喜欢之后，安安仍然无法像喜欢他有兴趣的科目一般，专心且全力的全神投入，建议我尝试她的方法。毕竟反复练习的熟练项目与反复记忆的背诵项目，本来就比较缺乏新鲜感，让孩子感觉比较无聊："我都已经知道了，干吗要重复那么多次？干吗一定要背起来？"

以下是老师的建议：

首先，告知重要性并做要求。

因为语文是孩子学习与成长过程中不能忽略的重要元素，因此必须先将尊重孩子喜好的态度保留起来。直接坚定地告诉孩子："这是你必须要做的。"并告诉孩子原因，例如：语文中的成语是一种文字的学习与内涵，练习的熟练是未来学习创造的基本根基，等等。还要直接坚定地提出"做"要求，例如："做完背诵与练习的项目才可以写你喜欢项目的功课"、"功课全部做完才可以上床睡觉"，等等。

其次，应用"迁移效应"。

在对孩子做要求的过程中，让孩子看到其他学科与语文的关系。并在平时多让孩子阅读如报纸。杂志等。读，可以培养语感，是提高阅读理解能力的一个有效途径。读，应该是一个动口动脑动手的过程。让孩子在阅读时有意识地去记忆文章中的精彩语段和词语，理解文章意思，慢慢地提高自己的阅读理解能力。而且这也是一个积累语文基础知识和作文素材的手段。涉猎广泛，见多识广，胸中自有"丘壑"。这样，在作文的过程中，就不会感觉自己无话可说，写出来的文章也不会空洞干巴，而是洋洋洒洒，言之有物了。

第三，要帮助孩子培养兴趣。

因为语文中背诵强调的是重复学习，本来就会比理解科目少那么点乐趣，老师建议可以教孩子一些小技巧，例如：分成小段进行，让孩子不会因篇幅太多而心生抗拒；将要熟练的内容编成歌来唱，让重复也变得好玩；和孩子说说唐诗或成语的故事，除了可以帮助孩子产生兴趣之外，了解整首诗或成语的故事也可以帮助孩子记忆。

最后，与孩子讨论过程中与过程后的乐趣。

以规则与协议要求孩子完成学习标的后，因为或多或少孩子是在被勉强或是约束的角色下完成的工作，因此仍旧会对该项目兴趣缺乏。老师建议可以在孩子完成课业或是学习之后，跟孩子谈谈刚刚努力练习的感觉，是不是努力的过程中也有乐趣在，例如："自己完成满页整排漂亮的字，看起来很棒！"或是学习后的感觉，例如："自己讲话可以用成语，或是文思敏捷一下子想到三、四个成语，感觉超厉害的，好棒！"跟孩子讨论这些学习中与学习后的想法与感觉，可以帮助孩子重新思考与定义对这个学科的兴趣，让孩子从另外一个层面去学习与爱上这样的科目。

请您尝试一下使用"迁移效应"对待您的孩子，同时记录您的心得和发生的变化。

小知识　鲇鱼效应

挪威的渔民们捕捉了沙丁鱼后就急忙赶到市场出售，但由于沙丁鱼喜群集、生性不好动，往往窒息而死。唯一老渔民每次都能卖出活蹦乱跳的鲜鱼，其奥妙是在沙丁鱼中放几尾生性好动的鲇鱼。鲇鱼在沙丁鱼中穿来穿去，沙丁鱼受到影响也摇头摆尾，促进了空气的流通，增强了自身的活力。他们把这种效应叫做"鲇鱼效应"。

妈妈智慧武功3：南风效应

所谓南风效应，就是以顺应人的内在需要的方式，使人的行为发生自觉的改变。妈妈教育孩子时要讲究方法，你如果对孩子动不动就打骂，甚至“体罚”，那么只会使孩子的“大衣裹得更紧”；采用和风细雨“南风”式的教育方法，你会轻而易举地让孩子“脱掉大衣”，达到你的教育目的，收到更好的教育效果。

宗　师

法国作家拉封丹。

武功秘诀

妈妈教育孩子时要讲究方法，如果你对孩子动不动就打骂，甚至“体罚”，那么只会使孩子的“大衣裹得更紧”；采用和风细雨“南风”式的教育方法，你会轻而易举地让孩子“脱掉大衣”，达到你的教育目的，收到更好的教育效果。

智慧武功解读

法国作家拉封丹曾写过这样一个寓言故事：南风与北风打赌，看谁能够脱去一位农夫的衣服。北风自以为力气大，脱件衣服不是什么困难的事情。于是北风先来，他使劲地向农夫吹刮着寒冷的风，直吹得农夫浑身瑟瑟发抖，直打哆嗦，农夫不但不脱衣服，反而裹紧外衣，躲到背风的地方去了。北风只好无功而返。紧接着由南风上马，他向农夫轻抚慢拂，给农夫送去温暖的和煦之风。农夫本来就在田野里劳动，身上出了热汗，经南风这么一吹拂，倍感浑身发热。于是就放下手里的活计，到田边脱去衣服，再接着继续劳作。南风终于成功了。

且不论南风与北风孰胜孰负，我们来分析一下南风与北风两者所使用的不同方法。北风遇事焦躁，不假三思，即用粗暴行为横加干涉，它的处理方法不可取，往往容易激怒别人，结果自然是一事无成。而南风却遇事镇定，充分地分析事情的利弊，充分地考虑人家的感情。顺其意而后行之，采取和风细雨的方式，把工作做细做好，自然就能马到成功了。

我国老一辈教育家陶行知先生当年任育才小学校长的时候，发生过这样一件非常有趣的教育事件。一天，陶先生看到学生王友在用泥块砸同学，遂将其制止，并责令他放学后到校长室等候。陶先生回到办公室时，看见王友已经等在门口。陶先生立即掏出一块糖给他："这是奖励你的，因为你比我按时到了。"接着又掏出了一块糖塞给他："这也是奖给你的。我不让你打同学，你马上就住了手，说明你很尊重我。"王友将信将疑地接过糖果。陶先生又说："据我了解，你打同学是因为他们欺负女生，说明你有正义感。有跟坏人作斗争的勇气。"陶先生又掏出第三块糖果给他。这时王友感动极了，流着泪后悔地说："陶……校长，你打我两下吧！我错了。我砸的不是坏人，而是自己的同学呀！同学再不对，我也不能采取这种方式。"陶先生满意地笑了，他随即掏出第四块糖果说："你已认错，再奖你一块。我们的谈话也该结束了。"陶行知先生以理解、信任、尊重的精神力量来感化学生、教导学生，给学生以自我反省的机会、自我修正的时间，这是典型的南风效应。

智慧妈妈"习武"心得

我家辉辉是个聪明的孩子，可是一直以来我都很头疼，虽然她现在读小学三年级，成绩算是中等，但那都是我无数个晚上辅导帮她补习得来的。辉辉上课听讲的效果非常不好。老师在上课的时候，经常会发现辉辉的眼睛不是黯然无神，就是盯着窗外或者周围其他的同学，要不就是手里不停地摆弄着铅笔、尺子、书包带等物品。若是教室外发生了什么事情，有了什么声音，辉辉一定是全班第一个被吸引过去的。他回答问题时，常常是"一问三不知"。不用说，现在已经三年级了，如此不良的听课状况，我真的非常担心一旦孩子升入高年级，功课怎么跟得上呢。而且辉辉在家做作业的时候，总是磨磨蹭蹭，边做边玩，不是要喝水，就是要上厕所，还经常发愣，一个小时的作业量，她总要用两到三个小时才能完成。每当我看见辉辉又开始磨蹭时就提醒她，可是效果就是不好。有时候真想把她绑在座位上。我知道辉辉这是注意力不够集中的表现。以前我一直在想，孩子小，没有什么问题。现在辉辉都三年级了，要再不解决这个问题恐怕就晚了。

我查阅了大量的资料，注意力就是孩子的整个心理活动持续集中在某个事物上，而这个过程不会被外界环境所干扰的能力。这里面包括两层意思：第一，孩子的心理活动选择在某一个方向（对象）上；第二，心理活动集中在这个对象上的强度或紧张度，且在此期间不会被外界环境所干扰。孩子的心理活动在某一事物上的强度越大，紧张度越高，注意力也就越集中。孩子注意力不集中，有病理性的先天因素，但更多的是后天习惯和环境所造成。

孩子之所以注意力不集中，主要是由于没有养成良好的专注做事的习惯。这类孩子的特点是：

1. 当孩子面对他不感兴趣、不明白或者认为太容易的事情时，往往表现为自我监控能力弱，易走神；

2. 注意指向分散，意识紧张度不足，易被周围其他事物所吸引；

3. 思维容易分散，注意稳定性低，做事做不下去，三心二意；

4. 做自己喜欢、感兴趣的事情（如看电视、做手工、玩电脑游戏、观察小动物等）往往能够做到注意力十分集中，不易受外界环境干扰。

如果发现孩子具备以上几种特点，这就说明孩子没有养成专注做事的好习惯。这很可能是由于家庭环境不良或父母没有注意培养孩子这方面习惯造成的。比如孩子在家里做作业的时候，她的书桌上总是堆着几件小玩具和果汁、点心之类的东西。母亲也习惯于在看着孩子写作业的同时，打电话和同事聊天。孩子的学习环境中有太多的容易分散他注意力的事物，使他无法集中精力做事。当母亲发现孩子做事磨蹭、拖拉时，只是不停地唠叨、催促和训斥，使孩子更加丧失了对学习的兴趣。

我发现自己有时候的做法确实像书里的家长一样，真是惭愧。可是找到解决方法都很理论，所以我特地去找了心理咨询师进行询问。

“培养孩子专注做事的习惯，首先要从孩子的年龄特点和兴趣入手，”咨询师告诉我，“根据孩子的年龄特点让他学会在一定时间内集中注意力。孩子在不同时期，其注意力一次性集中的时间是不一样的。按照学龄阶段划分，小学一二年级的孩子，注意力一次性集中的时间在10~20分钟以内。超过这个时间，孩子会感觉到累，容易走神；三四年级的孩子，可坚持到30分钟左右；到了五六年级，便可增加到40分钟以上。对于刚入学的低年级孩子，老师会在课上到一半的时候，让孩子们一起唱唱歌、做做操，使他们的大脑疲劳度得到缓解，以便在下半节课时间里集中精力学习。到了中年级，孩子坚持的时间虽然稍长一些，但是有经验的老师会在讲课讲到重点时，语速由快到慢一点，语调由低到高一些，或者把板书的重点用彩色粉笔圈一下，让声音的变化刺激孩子的耳朵，颜色刺激孩子的眼睛，吸引他的注意力。如果老师发现有的孩子走神了，会用眼神沟通一下，或者提醒一下孩子：某某同学做好准备，要回答我的问题了！既把他的思维拉回来，又不损害他的自尊。”“但是老师在课堂上可以这样做，我们做家长的好像比较困难啊。”

“父母在家也可以借鉴啊！”咨询师说，“如果辉辉出现这样的情况的时候，你就让他在规定时间内分阶段完成学习任务，当他能够专心完成的时候，你就摸摸他的头，亲亲他的小脸蛋，跟他说：辉辉真棒，真是个好孩子！鼓励一下他，然后让辉辉休息5~10分钟。再以同样的方式完成下面的学习。当辉辉能够做得很好的时候，就延长一次性集中做题的时间。同时，我会让辉辉在审题的过程中，自己把题目的要求、条件用笔勾出来，这样其实也是防止他走神出错，加强孩子的自信，让他感觉‘我能自觉集中精力做好一件事’。”

“哦，这样就可以吗？”我问。

“当然，关键还是在平时。”她继续说，“平时要多鼓励，不干扰孩子做好他喜欢做的事情。当孩子专注于做他的小手工制作或观察小动物而忘记了吃饭的时候，父母切记不要干扰孩子，而是耐心地等他把工作完成。要知道，孩子沉浸于他的兴趣的同时，就是在无意中培养自己的注意力呢。父母可以在孩子做完他们的“工作”之后，给予孩子鼓励：“你能这么专注地做好一件事情呀！”并及时和孩子分享他的感受，让孩子有意识地把做这件事时的注意力和心理过程迁移到其他事情中。”

“孩子玩得很专注的时候和孩子学习分散注意力的时候，我总是忍不住要教训孩子。该注意力集中的时候不集中，不该注意的时候偏偏叫也叫不动，太气人了！”我大声发泄我对孩子的不满。

“你看你，这就不对了吧。”咨询师说，“我们要尽量减少对孩子唠叨和训斥的次数，时间是孩子自己的，他们才是自己时间的主人，我们一定要让孩子感觉到他才是时间的主人。唠叨和训斥在我的经验里，只会让孩子对相应的事情感到厌烦，从而注意力更不可能集中。不妨让孩子感受到自己是时间的主人，教孩子学会分配时间：他在相对短的时间内集中精力做好功课，便有更多的时间做其他事情。孩子学会自己掌控时间，有成功的感觉，做事会更加自信。”

与咨询师的聊天让我受益匪浅。怎么解决孩子的注意力问题，也让我感到心里有底了。准备跟爸爸沟通下，让爸爸也参与进来。

请您尝试一下使用“南风效应”对待您的孩子，同时记录您的心得和发生的变化。

____

____

____

____

小知识　坐向效应

产生坐向效应，是因为相对而坐，会产生一种自然的压迫感，不自由感。这是由正面直视的视觉“感受”而造成的。即使不是有意凝视对方，由于彼此正面相对，视线强烈，具有一种直刺对方心理的攻击性。

我们平时与人争辩时，总是不知不觉地采取正面相对的姿势。面对面地坐向，容易造成紧张、对立的关系。彼此横向而坐或斜向而坐，让彼此的视线斜向交错，减弱视线的对立性，那么就可以避免尖锐的对立状态，反之，就可能造成对立关系。

妈妈智慧武功4：霍桑效应

人需要有人倾听他的不满，是因为人有一吐为快的情感需要，有被人关注和被人重视的需要。在与孩子的交流与沟通中，不仅要善于倾听孩子的“牢骚”，关键要学会怎么处理好孩子的抱怨，使其在心情舒畅情况下，精神焕发地做事情。

宗　师

美国国家研究委员会以哈佛大学心理专家梅奥为首的研究小组。

武功秘诀

人需要有人倾听他的不满，是因为人有一吐为快的情感需要，有被人关注和被人重视的需要。在与孩子的交流与沟通中，不仅要善于倾听孩子的“牢骚”，关键要学会怎么处理好孩子的抱怨，使其在心情舒畅情况下，精神焕发地做事情。

智慧武功解读

“霍桑效应”也就是所谓“宣泄效应”。霍桑效应的发现来自一次失败的管理研究。美国芝加哥郊外的霍桑工厂，是一个制造电话交换机的工厂。这个工厂具有比较完善的娱乐设施、医疗制度和养老金制度等。但是，员工们仍然愤愤不平，生产状况也很不理想。为探求原因，1924年11月，美国国家研究委员会组织了一个由心理学家等各方面专家参加的研究小组，在该工厂开展了一系列的试验研究。这一系列试验研究的中心课题是生产效率与工作物质条件之间的关系。这一系列试验研究中有一个“谈话试验”，即用两年多的时间，专家们找工人个别谈话两万余人次，并规定在谈话过程中，要耐心倾听工人们对厂方的各种意见和不满，并做详细记录，对工人的不满意见不准反驳和训斥。这一“谈话试验”收到了意想不到的结果：霍桑工厂的产量大幅度提高。这是由于工人长期以来对工厂的各种管理制度和方法有诸多不满，无处发泄，“谈话试验”使他们的这些不满都发泄出来，从而感到心情舒畅，产生了一种参与感，觉得受到了重视，工作的干劲倍增。社会心理学家将这种奇妙的现象称为“霍桑效应”。

“霍桑效应”给我们的启示是：人的一生中会产生许多意愿、情绪，而最终能实现或满足的却为数不多。压抑、克制意愿和情绪，会在心理上积蓄能量。虽然它可以通过别的途径转移，却不会被直接消灭。人们在压抑、克制阶段往往意识不到它的存在，但如果一直找不到宣泄的途径，那就会使人们在心理上形成强大的潜压力。过分压抑会造成人们从心灵深处与外界日益隔绝，导致精神忧郁、孤独、苦闷和窒息；一旦控制不住，会导致其冲破心理堤坝，使人显现一种变态的行为，甚至导致精神失常，所以，堵塞不如疏导。

后来，“霍桑效应”在世界各国受到了广泛关注，被广泛运用。

（1）日本一些企业设立的“特种员工室”。此室里陈设有经理、车间主管、班组长的偶像及木棒数根，工人对某管理人员不满，可以棍打自己所憎恨的人偶像，以泄愤懑。

（2）法国，近来出现的新兴行业：运动消气中心。据说在巴黎有上百个。主办人大都是运动心理专业的行家，他们针对失业等诸多问题所造成的人们心情积郁状态，认为运动是解决这一问题的一个好方法。因此，每个运动中心均有专业教练指导，教人们如何大喊大叫、扭毛巾、打枕头、捶沙发等，也有的先进行心理治疗，找出“气因”，用语言开导后，再让“气者”做一种专门为其设计的运动量颇大的“消气操”。

（3）美国，近几年来也诞生了各种“泄气中心”，专为在现实生活中受了冤屈而想发泄的人服务。有的医生则用发泄疗法治疗某类病人，即：医生让许多病人坐在一起，让大家毫无顾忌地“吐苦水”，发怨气，把郁积心中的苦恼情绪一股脑儿“吐”出来。

（4）学生在学习、成长的过程中难免有困惑或者不满，但又不能充分地表达出来。作为教师，就要耐心地引导学生尽情地说，说出自己生活、学习中的困惑，说说自己对老师、对同学或者对班级工作、学校管理的不满。学生在“说”过之后，会有一种发泄式的满足，他们自己会感到轻松、舒畅。如果他们的困惑得到解除，所有的问题得到解决，提出的建议得到采纳，他们在学习中就会更努力。

智慧妈妈“习武”心得

下午小叶的妈妈来找我，我一听就知道，准是跟她宝贝儿子有关。“气死了，气死了！！这个小兔崽子！你说这小兔崽子，今天我让他把自己床整理一下，他居然不理我，还在那里看动画片。叫他几声还回给我一句让我别烦他！我真正气死了！”“小孩子嘛，都这样，犯得着嘛，真是的。”我宽慰着。“哪里啊，你不知道。我现在觉得跟孩子沟通上有问题。现在他都不怎么和我说话，每次我问他的时候，不知不觉就对他训起话来，然后他也就很不耐烦的样子。有时候我是很想好好跟孩子说话，沟通一下，但不知道为什么最后总是会讲出一些气话来。这样下去，恶性循环了可不得了啊。”

这样的问题不止小叶妈妈一个人有，其实孩子在学习、成长的过程中难免有困惑或者不满，但又不能充分地表达出来。而家长却又常常是命令、威胁、训诫、建议的语气，要么是批评、羞辱、诊断或者教诲的语气，这些话对孩子都只是负面的作用。剥夺了孩子学习成长的机会，也让孩子自尊受损，与孩子的关系当然会恶化了。

我给小叶妈妈的建议是，作为家长，要尽可能多地挤出时间与孩子谈心，在谈的过程中，要耐心地引导孩子尽情地说，说出自己生活、学习中的困惑，说出自己对家长、学校、老师、同学等的不满。孩子在“说”过之后，会有一种发泄式的满足，他们自己会感到轻松、舒畅。如果他们的困惑得到解除，所有的问题家长能帮助解决，提出的建议家长能得到采纳，他们在学习中就会更加努力，生活中就会更自信，这就是“霍桑效应”在家庭教育中的最大启示。

有爱就有教育，家庭教育成功的关键在于尊重孩子，理性地爱孩子。跟孩子说话一定不能硬来，小孩子都很犟，你硬他比你更硬。跟他们说话最好的方式以“我……”取代“你……”因为“我……”的语句容易让孩子负起责任，传达了父母的感受，让他们体会到了自己的行为对父母造成了什么影响。

最后要提醒的是要“驾驭”孩子的倾诉。告诉孩子在生活、学习中遇到不称心的事情时，不要对情绪采取一味压抑的办法，而是可以适度与父母、朋友倾诉和发泄一番。而我们父母在倾诉的过程中，学会倾听和宽容地看待对方的发泄，而不是一味地说教。

请您尝试一下使用“霍桑效应”对待您的孩子，同时记录您的心得和发生的变化。

小知识　贴标签效应

在第二次世界大战期间，美国由于兵力不足，而战争又的确需要一批军人。于是，美国政府就决定组织关在监狱里的犯人上前线战斗。为此，美国政府特派了几个心理学专家对犯人进行了战前的训练和动员，并随他们一起到前线作战。训练期间心理学专家们对他们不过多地进行说教，而特别强调犯人们每周给自己最亲的人写一封信。信的内容由心理学家统一拟定，叙述的是犯人在狱中的表现是如何地好，如何地接受教育，改过自新等。专家们要求犯人们认真抄写后寄给自己最亲爱的人。三个月后，犯人们开赴前线，专家们要犯人给亲人的信中写自己是如何地服从指挥，如何地勇敢等。结果，这批犯人在战场上的表现比起正规军来毫不逊色，他们在战斗中正如他们信中所说的那样服从指挥，那样勇敢拼搏。后来，心理学家就把这一现象称为“贴标签效应”，心理学上也叫暗示效应。

妈妈智慧武功5：投射效应

实验证明，人们常常不自觉地把自己的好恶、观念、情绪等归属到别人身上，认为别人也具有同样的特征，如：自己喜欢说谎，就认为别人也总是在骗自己；自己自我感觉良好，就认为别人也都认为自己很出色……这种心理现象为“投射效应”。我们应该正确地认识自己和孩子，克服投射效应的消极作用。做到严于律己，客观待人，尽量避免以自己的标准去判断他人。孩子并非如我们所想象的那样，只有尝试去真正理解了孩子才会知道孩子到底什么样。

宗 师

心理学中的精神分析学派。

智慧武功解读

心理学研究发现，人们在日常生活中常常不自觉地把自己的心理特征（如个性、好恶、欲望、观念、情绪等）归属到别人身上，认为别人也具有同样的特征，如：自己喜欢说谎，就认为别人也总是在骗自己；自己自我感觉良好，就认为别人也都认为自己很出色……心理学家们称这种心理现象为“投射效应”。

古代一位喜欢吃芹菜的人，总以为别人也像他一样喜欢吃芹菜。于是一到公众场合就向别人热情推荐芹菜，成为一个众所周知的笑话。但是生活中每个人都免不了犯类似这样的错误，“以己度人”。心理学上称之为投射效应，即在人际认知过程中，人们常常假设他人与自己具有相同的属性、爱好或倾向等，常常认为别人理所当然地知道自己心中的想法。

心理学家罗斯做过这样的实验来研究投射效应，在80名参加实验的大学生中征求意见，问他们是否愿意背着一块大牌子在校园里走动。结果，48名大学生同意背牌子在校园内走动，并且认为大部分学生都会乐意背，而拒绝背牌的学生则普遍认为，只有少数学生愿意背。可见，这些学生将自己的态度投射到其他学生身上。

“以小人之心度君子之腹”就是一种典型的投射效应。当别人的行为与我们不同时，我们习惯用自己的标准去衡量别人的行为，认为别人的行为违反常规；喜欢嫉妒的人常常将别人行为的动机归纳为嫉妒，如果别人对他稍不恭敬，他便觉得别人在嫉妒自己。

但在日常生活中，我们却也常常错误地把自己的想法和意愿投射到别人身上：自己喜欢的人，以为别人也喜欢，总是疑神疑鬼，莫名其妙地吃醋；父母总喜欢为子女设计前途、选择学校和职业……

智慧妈妈“习武”心得

很多家长总是喜欢为子女设计前途，选择学校，选择职业，甚至选择朋友……很大程度上也是家长把自己的意愿投射给孩子了，孩子们不一定喜欢家长的安排，所以并不领情。

在日常生活中，家长常常错误地把自己的想法和意愿投射到子女身上，父母总喜欢为子女设计前途，希望孩子能实现自己的理想和抱负，并且往往以“孩子小，不懂事”为由，忽视孩子自己的意愿，结果往往达不到预期目的。

小强是个聪明活泼的孩子，可是有一段时间，小强却表现得情绪低沉。经了解，我们才知道，小强的爸爸为了让小强成才，为他报了美术班，还请了一位家教教他弹钢琴，而小强偏偏喜欢跆拳道。结果小强不但自己的兴趣爱好得不到满足，每天的日程还被安排得满满的，所以才失去了以往的活泼。

后来，我们明白为什么小强的爸爸一定坚持让小强学美术和钢琴了。小的时候小强爸爸家里条件不好，班上有个同学家里很有钱，父母给她买了钢琴，并请了很好的老师教她，那时候小强爸爸十分羡慕，看着同学上台表演，得到赞许的掌声，小强爸爸真希望，自己就是她。那时候心理还一直在想，要是我能学钢琴多好啊，钢琴声音多美啊。

很可惜，这个愿望，小强爸爸一直没有如愿，直到现在他也不会钢琴。其实和其他家长一样把自己意愿投射到孩子身上了。

小强的爸爸妈妈在跟小强沟通后，为他报了跆拳道班，而小强为了能学他喜欢的跆拳道，也同意了学美术，小强又像从前一样活泼可爱了。

所以要合理地安排孩子的学习和生活，让孩子的童年充满欢笑而不是过分的压力，是孩子健康成长的前提。因此，在教育孩子时，千万不要走入“投射效应”的误区。

请您尝试一下使用“投射效应”对待您的孩子，同时记录您的心得和发生的变化。

____

____

____

____

____

小知识　触摸的心理效应

心理学家弗尔德对早产儿进行过每天45分钟的抚摸实验。一般认为，早产儿应该生活在一个隔离的，犹如子宫般的环境中，抚摸只会给他们压力感，会有碍他们的生长。然而他对20个早产儿每天做3次、每次15分钟的舒缓而有力的抚摸。10天中，接受抚摸的婴儿比没有得到抚摸的婴儿平均重47%，而且睡眠和灵敏性也都有很大改善。到第八个月末，他们的体质和智力都有明显提高。最值得注意的是，接受抚摸的婴儿离开保育箱的时间比其他婴儿平均提前了6天。弗尔德说：“抚摸能有规律地刺激生长激素的分泌，进而促进消化吸收功能。”

妈妈智慧武功6：德西效应

德西实验证明，当一个人进行一项愉快的活动时，活动本身就是奖励，而提供外在奖励反倒会减弱活动参与的积极性。这说明奖励用在适当的地方，就是动力和助力，用在不适当的地方，就是阻力。对于孩子来说，一味的奖励会使孩子将奖励看作学习的目的，而不是把学习本身当做有趣和喜欢的事情。一旦孩子对奖励不感兴趣了，就对学习也不感兴趣了。

宗　师

心理学家爱德华德西。

武功秘诀

人到底为了什么而做事呢？人做事有持续性和专注力是由于什么样的需要呢？实验证明，当一个人进行一项愉快的活动时，活动本身就是奖励，而提供外在奖励反倒会减弱活动参与的积极性。这说明奖励用在适当的地方，就是动力和助力，用在不适当的地方，就是阻力。对于孩子来说，一味的奖励会使孩子将奖励看作学习的目的，而不是把学习本身当做有趣和喜欢的事情。一旦孩子对奖励不感兴趣了，就对学习也不感兴趣了。

智慧武功解读

德西曾进行过一次著名的实验，他随即抽调一些学生去单独解一些有趣的智力难题。在实验的第一阶段，抽调的全部学生在解题时都没有奖励；进入第二阶段，所有实验组的学生每完成一个难题后，就得到1美元的奖励，而无奖励组的学生仍像原来那样解题；第三阶段，在每个学生想做什么就做什么的自由休息时间，研究人员观察学生是否仍在做题，以此作为判断学生对解题兴趣的指标。结果发现，无奖励组的学生比奖励组的学生花更多的休息时间去解题。这说明：奖励组对解题的兴趣衰减得较快，而无奖励组在进入第三阶段后，仍对解题保持了较大的兴趣。

实验证明：当一个人进行一项愉快的活动时，给他提供奖励的结果反而会减少这项活动对他内在的吸引力。这就是所谓的“德西效应”。

智慧妈妈“习武”心得

沈聪已经初二了，学习成绩优秀，许多方面表现得也很好，可就是对班集体工作漠不关心，与同学的关系也不太融洽，常常独来独往，并且还在自己笔记本扉页上写下“两耳不闻窗外事，一心只读圣贤书”的座右铭。作为他的母亲，我实在很着急。他爸爸说只要成绩好就可以了，别的就不要操心了。可是我觉得如果继续这样下去，一定会影响他将来的人际交往。

记得曾经在一次讲座中，一位教授讲道，在教育孩子的程中，我们要常运用“表扬”这一方式来激励、鼓舞孩子进步。于是，我就决定用“表扬”的方法来使他对班级工作感兴趣和融洽与同学之间的关系。我把我的想法和他的班主任交流了一下，马上得到了响应。

当他做值日稍微负责一点儿时，班主任就在全班同学面前表扬他一通，可谁知这一表扬反而引起了他的不满。"我不需要表扬，听到表扬我就心烦，大家做值日都很认真，为什么不表扬别人，只表扬我？难道我做值日是为了获得表扬吗？"听到这些话，我知道我失败了。后来，我经过全面了解和分析后，决定少用表扬的方法，而让他，承担任班内一些具体的工作。因为他的英语成绩特别突出，班主任让他担任全班"英语手抄报"的编审。每一份手抄报都要经他审读，慢慢地，他觉得这份工作对他的学习挺有帮助，就热心地干起来。只见他经常和同学们在一起找资料、搞设计、编写稿件和讨论组稿，并亲自组织了全班"英语手抄报"办报竞赛，受到了同学们的喜欢和赞扬。从此，他改变了个性，像换了个人似的，不仅关心班级工作，而且与同学的关系十分融洽。

美国著名心理学家德西经过长期观察和实验发现，有些人看重的是"内在的成功"而不是"外在附加奖励"，当这种人从事有内在兴趣的工作而取得好成绩时，会体验到由衷的满足感和成功感。可以肯定，这是对他们最有效的褒奖。倘若他们此时受到"外在附加奖励"，其效果往往不大，甚至还有可能引起相反的效果。人们将这一现象概括为"德西效应"。鼓励孩子进步的方法很多，而提供机会让他们充分发挥才干和体现自身价值远比一味地盲目表扬更有效果。

如果不分场合，不讲究"表扬"的艺术，那就会适得其反，起不到应有的作用，甚至还会产生"负效应"。

请您尝试一下使用"德西效应"对待您的孩子，同时记录您的心得和发生的变化。

____

____

____

小知识　巴纳姆效应

人们常常认为一种笼统的、一般性的人格描述十分准确地揭示了自己的特点，心理学上将这种倾向称为“巴纳姆效应”。

一位名叫肖曼·巴纳姆的著名杂技师在评价自己的表演时说，他之所以很受欢迎是因为节目中包含了每个人都喜欢的成分，所以他使得“每一分钟都有人上当受骗”。

有位心理学家给一群人做完明尼苏达多相人格检查表（MMPI）后，拿出两份结果让参加者判断哪一份是自己的结果。事实上，一份是参加者自己的结果，另一份是多数人的回答平均起来的结果。参加者竟然认为后者更准确地表达了自己的人格特征。

妈妈智慧武功7：门槛效应

当个体先接受了一个小的要求后，为了保持自身形象的一致，他可能接受一项重大、更不合意的要求。而且一般情况下，让个体先接受一个较小的要求，也能促使其逐渐接受较大的要求，这就像让一个人登上门槛就可能进入室内一样。

宗　师

美国心理学家弗里德曼和弗雷泽。

智慧武功解读

让我们先来看一个实验，弗里德曼和弗雷泽让两位大学生访问郊区的一些家庭主妇。其中一位首先请求家庭主妇将一个小标签贴在窗户上或在一个关于美化加州或安全驾驶的请愿书上签名，这是一个小的、无害的要求。两周后，另一位大学生再次访问家庭主妇，要求她们在今后的两周时间里在院内竖立一个呼吁安全驾驶的大招牌。该招牌很不美观，这是一个大要求。结果答应了第一项请求的人中有55%的人接受这项要求，而那些第一次没被访问的家庭主妇中只有17%的人接受了该要求。

这个实验说明人们都有保持自己形象一致的愿望，一旦表现出助人、合作的言行，即便别人后来的要求有些过分，人们也愿意接受。

日常生活中就有这样一种现象，在你请求别人帮助时，如果一开始就提出较大的要求，很容易遭到拒绝。如果你先提出较小要求，别人同意后再增加要求的分量，则更容易达到目标。

很多研究都证明了门槛效应的存在。加拿大心理学家研究发现：如果直接提出要求，多伦多居民愿意为癌症学会捐款的比例为46%。而如果分两步提出要求，前一天先请人们佩戴一个宣传纪念章，第二天再请他们捐款，则愿意捐款的人数几乎增加一倍。

心理学家认为，一下子向别人提出一个较大的要求，人们一般很难接受。如果逐步提出要求，不断缩小差距，人们就比较容易接受。这主要是由于人们在不断满足小要求的过程中已经逐渐适应，意识不到逐渐提高的要求已经大大偏离了自己的初衷。

这是因为，人们都希望在别人面前保持一个比较一致的形象，不希望别人把自己看作“喜怒无常”的人。因而，在接受别人的要求、对别人提供帮助之后，再拒绝别人就变得更加困难了。如果这种要求给自己造成损失并不大的话，人们往往会有一种“反正都已经帮了，再帮一次又何妨”的心理。于是，登门槛效应就发生作用了。

智慧妈妈“习武”心得

我又接到陶陶班主任的电话，他常常不做作业。而且课代表都不愿意收他的作业，因为他要么说作业忘在家里，要么就是磨磨蹭蹭地在书包里找本子，可是打开本子，作业题往往是丢三落四，很少做全。他以前的班主任曾经也管过，抓一阵好一阵，没有“特效药”。怎么办？让他罚做，或者严厉批评……显然不行。

偶尔看到书上的“门槛效应”给了我很大的启发。因为我的孩子我知道，他思维很活跃，怕做作业并不完全是不会做，而主要是学习习惯的问题。我知道想一蹴而就，立即转变是不现实的。那么就用这个办法试试吧。

我采取了以下几步策略：

第一阶段，我和他班主任商量好，决定只要他交本子，做错题目，漏做题目都不计较。当老师在班上宣布对陶陶的“特殊政策”时，同学们议论纷纷，科代表如释重负，陶陶乐得轻松……这一阶段，因为提的要求不高，所以他总是按时交本子。几天后，班主任在班上当众表扬了他："这些天，陶陶同学按老师的要求交了作业本，一天不缺，应该表扬！"掌声稀稀拉拉。

第二阶段，我趁热打铁，对陶陶的要求提高了。不仅要他交本子，而且要不漏题，但是做错了不计较。我问他能不能做到，他自信地说："能！"每次晚上我看到他认真做作业，都会向他笑笑并点点头，有时还拍拍他的头。过了一星期后，他班主任告诉我陶陶不但能按时交作业，而且几乎不漏题了。而且老师对陶陶这一阶段的进步在班上好好表扬了一番。这次，他赢得了热烈的掌声。同学们都为他高兴，他也很激动。

第三阶段，我不仅要求他交本子，而且要求不漏题，正确率还要不断提高。当我提出这样的要求时，他说："妈妈，我不会让您失望的！"这一阶段大约有两三周的时间，他总在不断进步。后来老师告诉我这期间，在班上评讲作业的时候，陶陶多次受到了表扬。

一个多月后，陶陶的作业态度转变了，作业质量也提高了。陶陶的转变不仅是他自己的成功，也是我的成功。从孩子的进步中我体会到，要转变孩子的不良习惯，往往不是一蹴而就的，俗话说"欲速则不达"。我又想到，如果老师在布置作业时能与学生共同研究，确定作业的形式和内容，那么，学生作业的状况一定更喜人。作业上如此，其他方面不也是这样的道理吗？

请您尝试一下使用"门槛效应"对待您的孩子，同时记录您的心得和发生的变化。

小知识　阿伦森效应

阿伦森效应是指人们最喜欢那些对自己的喜欢、奖励、赞扬不断增加的人或物，最不喜欢那些显得不断减少的人或物。

分4组人对某一人给予不同的评价，借以观察某人对哪一组最具好感。第一组始终对之褒扬有加，第二组始终对之贬损否定，第三组先褒后贬，第四组先贬后褒。结果此实验对数十人进行过后，发现绝大部分人对第四组最具好感，而对第三组最为反感。

阿伦森效应提醒人们，在日常工作与生活中，应该尽力避免由于自己的表现不当所造成的他人对自己印象不良方向的逆转。同样，它也提醒我们在形成对别人的印象过程中，要避免受它的影响而形成错误的态度。

第12堂课
智慧妈妈成长的8大团体活动

听过了各种讲座，读遍了各种书籍，试过了多种方法，很多妈妈还是反映处理孩子的问题力不从心，智慧妈妈功坊给妈妈们提供了这样一个机会，让她们发现好的方法要以好的态度为载体，好的态度要以好的关系为前提，好的关系要用成熟的技术来建立。所以参加了智慧妈妈功坊的团体活动后，很多妈妈们发现，以前的一知半解、半斤八两的功夫实在是需要在这个小环境中好好训练一下。

团体活动方案：智慧妈妈效能训练

目的：心理学完形治疗模式理论与父母效能实务的结合，提供父母深层及有效的觉察历程，增进亲子的互动及解决亲子间的问题。

进行方式：活动课程分为8次，每次80分钟，每周聚会一次，带领者以讲授、讨论和活动方式引领成员学习。

预期效果：

1. 觉察亲子间困扰的来源；
2. 觉察未竟事的影响力；
3. 寻找问题解决的方法；
4. 提供生命能量的愿景，包括自己与家人的需求及期望；
5. 有效的，长期的自我觉察纪录，养成习惯。

团体活动内容：

第1次　我们是一家人

第2次　信任的力量

第3次　身体动起来

第4次　生命短暂

第5次　我愿意

第6次　忙碌与沉思

第7次　愿景的力量

第8次　总结与回顾

活动1：我们是一家人

总活动时间：80分钟

活动目标：通过活动的沟通、对谈，以期望使智慧妈妈成员之间彼此熟悉、了解，建立团体互动的基础。

活动过程：

1. 领导者介绍团体的目标，与形成团体的原因。说明课程内容，订立团体规范。

2. 互相认识：三个人一组，彼此介绍自己。包括为何来参加此团体，有何动机，或是期待，或是介绍家中成员……如果三人愿意的话，可以谈任何一方愿意谈的事。

3. 发下一张白纸：请成员填写。

其内容是：

①在亲子的关系上，最让我困扰的是……

②在教养孩子上，我和我的另一半……

③和孩子相处上，我最想赶快做的努力是……

④在了解孩子的需求上，我……

4. 针对成员写下的内容，团体分享。

5. 结束语：每人一句话表达今日活动的感觉。

6. 家庭作业：说明作业的功能及本周需要做的功课。

附件：亲子间最困扰的事

日期	事件	父母的行为	子女的行为
第一天			
第二天			
第三天			
第四天			
第五天			
第六天			

活动2：信任的力量

总活动时间：80分钟

活动目的：通过信任的游戏，让成员自觉：信任会促进成长，可以促进团体的和谐，也会建立起沟通的管道。

道具：丝巾一条、录音机

活动过程：

1. 检查上周的作业，并分享作业内容。

2. 音乐响起：(闭眼→深呼吸 ……)，音乐曲名《心中一亩田》

3. 领导者指导语：这世界以你为中心，你曾经被爱、被珍惜、被呵护，但是你也曾经受人责骂、受人轻视、被人瞧不起，是否因此，你的内心产生了极度的恐慌，与极度的无助，从此你不再相信别人，或是怀疑地面对着每日相对的熟悉面孔，没有任何的交集与珍惜，为什么我们会有这些疏离？为何我们必须这样武装自己，防卫自己？笑容在我们的脸上消失，僵持的空气在家中蔓延，以致孩子与我们距离越来越远。请让我们一起探索这生命的源泉：信任。

4. 请你找一位伙伴，你觉得相信的伙伴，自由配对，一人先蒙住眼睛，一人先拉着被绑的小手，牵引着他，走过绿地，走过水沟，走过楼梯，走过椅子，走过沙堆。

5. 活动感受的分享。

6. 结束语：每人用一句话表达今日活动的感觉。

7. 家庭作业。

附件：亲子冲突或不愉快事件

日期	事件	父母的行为	子女的行为
第一天			
第二天			
第三天			
第四天			
第五天			
第六天			

活动3：身体动起来

总活动时间：80分钟

活动目标：通过身体的运动，觉察疼爱与珍惜自己，疼爱与珍惜别人，疼爱与珍惜自己的家人，多久没有好好看着自己，多久没有好好看着家人，促使成员觉察自己的存在与家人的存在的事实，进而发现觉察的技巧。

活动过程：

1. 检查上周作业并进行分享。

2. 快节奏音乐，反复播放。

3. 领导者指导语：个人受到太多的社会文化制约与控制，并没有好好审视自己，也没有好好对待自己，太多的道德习俗、规范是压榨自我的恐怖杀手。不仅如此，个人僵化的处理模式，尤其是情绪的管理，常使自己无法超越与克服困难，我们若透过个人觉察的考验，将这些情绪垃圾清出来，或许是促使个人成长与快乐的源泉。

4. 清出身体的垃圾：紧闭双口→用力用鼻子来呼气、吸气，以使气从身体中呼出。让身体的能量在运行时，自在地寻求出口，舞动身体。

5. 倾听：好好对待自己的身体，流汗也不用擦。

6. 结束语：每一个人一句话表达今日活动的感觉。

7. 家庭作业：10分钟。

附件：日常生活中的身体觉醒、未竟事

日期	深呼吸十分钟的感受	起床时最想做的一件事	睡觉时想做却未完成的一件事
第一天			
第二天			
第三天			
第四天			
第五天			
第六天			

活动4：生命短暂

总活动时间：80分钟

活动目标：通过此活动，分辨人生重要的未了事，积极的处理，才能跳出恶性循环的噩梦。

活动过程：

1. 检查上周作业与分享。

2. 领导者指导语：生命诚可贵，爱情价更高，若为自由故，两者皆可抛。但是，现代生活环境，让人觉得生活节奏快而急促，从而使得我们能与亲人相聚的时间越来越少，彼此之间相互沟通的机会也越来越少。诚如上述的名言，我们所在意的事情，往往是我们生命中最重要的事情，但是，重要的优先级，在忙碌的生活中，已使我们迷失了安排顺序的能力，此时此刻的关心，是值得我们去探索与摸索的。

3. 领导者说：假若每个人在这世界上只有十天，你最想做的5件事是什么？（安排优先级）

道具：空白纸张，笔

4. 人生苦短，如果我们的生命只剩十天，把你最想赶快去做的事写出来。

正面(可以分享的部分)	背面(自己保留的部分)
最想做却还没做的一件事	最想做而却还没做的一件事
1	1
2	2
3	3
4	4
5	5

5. 分享时间：找个朋友分享你的心情与你的抉择(当一个人分享时，另一个人只要点头，赞同即可，不需询问为什么，如果需要响应，你也仅可能回答，这时你的决定，你觉得是这样……)。

6. 结束时间：每一个人对今天的活动简单以一句话作总结。

7. 家庭作业。

回家后，寻找想完成却又未完成的家事

	寻找想完成却又未完成的家事	没有完成时的感觉
第一天		
第二天		
第三天		
第四天		
第五天		
第六天		

活动5：我愿意

总活动时间：80分钟

活动目标：结合完形治疗模式的父母效能的训练方案，再考虑理论中的“我负责”的意义。从日常生活中，觉察对子女接受的程度，许多的冲突是来自不能接受孩子的行为开始的。希望借此活动，让父母了解适当的觉察自我对子女的接受力量，增进亲子间的互动。

活动过程：

1. 检视成员上周的作业，给予称赞与鼓励。

2. 我接受与拒绝的亲子练习

道具: 纸笔

内容是: 对孩子行为的观察

可以接受的行为或事件 **不可接受的行为或事件**

可以接受的行为或事件	不可接受的行为或事件
1	1
2	2
3	3
4	4
5	5
6	6
7	7
8	8

3. 分享时间：请成员在日常生活中，发现父母对子女哪些行为不能接受，通过写下来之后的经验分享，通过脑力激荡的方式，检查自己的处理方式或接受程度怎样。澄清成员的这些接受与不接受的行为中，有哪些是由于自己的局限所造成的压力而不能接受的，哪些是孩子所产生的问题，请其他成员给予意见反馈。

4. 结束语：每一个人用一句话表达今日活动的感觉。

5. 作业时间

附件：对孩子行为的观察

回家功课：

可以接受的行为或事件	不可接受的行为或事件
1	1
2	2
3	3
4	4
5	5
6	6

活动6：忙碌与沉思

总活动时间：80分钟

活动目标：“忙忙忙”，意味着“茫茫茫”，现在的父母亲，因为社会形态的转变，为了稳固经济的来源，双职工父母所占的比例高达80%，如果在忙碌的生活步调中，父母亲能够找寻“忙忙忙”背后的目标，那就可能养成自我觉察的习惯。

活动过程：

1.分享回家作业心得。

2.领导者引言：你有多久没有关照你自己了？你是否日夜忙碌得晕头转向？为你的理想，你的事业，你的工作，你的妻子，你的先生，你就像一个陀螺一样，每天不停地转动，从微光初起至夜晚时分，你自觉自愿地、无怨无悔地奉献自己的精力与时间。可是，你在家中的重要性，不是忙得家人每天都见不着你，即使见着了也是见到一个疲惫不堪的你。你要知道，健康快乐的你，才是整个家庭喜悦的开始，你准备好了吗？今天的活动，就是请你休息一下，让你的心灵得到音乐的滋润，从大自然的律动中，体验你自我的喜悦，如果这音乐的过程中，你已睡着，那就睡吧！我和工作人员会在时间将近时轻轻唤醒你。灯光黯淡，音乐（喜多郎的混沌）。

3.所谓何来：

写下你一天忙碌的生活及目的

时间	忙什么事	为了什么目的，此时此刻的感受如何？
第一天		
第二天		
第三天		
第四天		
第五天		
第六天		

4. 分享时间。

5. 结束语：每一个人用一句话表达今日活动的感觉。

6. 作业时间

你的与我的需要

	你所知家人的希望，如果不知，要去询问他们有什么期望	如果他们的期望达成了，你的感受如何？
第一天		
第二天		
第三天		
第四天		
第五天		

活动7：愿景的力量

总活动时间：80分钟

活动目标：亲子间的冲突，许多是来自没有共同的目标和一致的需要，因此，努力发现家人的需要和希望，寻求共同的愿景，可为沟通带来良好的互动基础。

活动过程：

1. 检查作业及分享时间。

2. 领导者引言："人生有梦，生活才有滋味，才有方向。"没有希望的人生，与大海中没有设定目标方向的航程一样，充满着不确定感与彷徨。带给你一个故事：说明愿景的力量与奥秘。

3. 写下你人生的目标。

回家后，寻找想完成却又未完成的家事

	我的人生目标与希望	达成后，你家人会有什么感受
第一件		
第二件		
第三件		

续 表

	我的人生目标与希望	达成后，你家人会有什么感受
第四件		
第五件		
第六件		
第七件		

4. 并与同伴分享。

5. 结束语：每一个人用一句话表达今日活动的感觉。

6. 回家功课：鲨鱼的故事及感受纪录表。

	未完成的事	心情感受
第一天		
第二天		
第三天		
第四天		
第五天		

鲨鱼的故事

故事发生在南太平洋的一个小岛上，美国的一群科学家正在研究可怕的鲨鱼。他们的研究包括：为什么它的利牙可以咬透数公分厚的钢板，他们为什么可以在地球生存那样久，以及为什么他们的嗅觉竟是那样灵敏，甚至几公里外的一滴血腥，依然可以嗅得出来。但其中有一组科学家对鲨鱼的研究最令我感兴趣，他们研究的是：他们竟然可以使凶恶的鲨鱼像小鸟般柔顺，任凭眼前的小鱼在他的四周游来游去，依然不会张开大嘴吞了那些小鱼，原来是这样的：

首先，刚开始的一个礼拜，科学家将一条鲨鱼放在一个长40公尺宽40公尺的大水池，每天都放入活生生的鲔鱼，只见不一会儿工夫，凶猛的鲨鱼便快速游向猎物，一口气撕裂并吞下那可怜的鲔鱼，如此一个礼拜过去了，鲨鱼的日子充满了斗志与自信，日子过得实在舒服极了。

第二个星期，科学家在池子的中间隔了一块厚重打不破的强化透明玻璃，将池子分成两半，并将活生生的鲔鱼放入另一半的池子里，只见凶猛自信的鲨鱼二话不说，快速地冲向猎物，顿时，咚！喔！头好痛！怎么回事？怎么吃不到呢？不信！鲨鱼转个身，调头又冲向眼前肥美的鲔鱼，可是这一次，又是“咚”一声！头上又撞个包！不可能！不可能！眼前的猎物不可能吃不到！明明是鲔鱼没错，连续数次的冲撞，仍然吃不到，鲨鱼撞得头破血流后，它不再冲撞了，它学乖了，它知道它的世界已经少了一半(20×40公尺)。它只吃它这一半池子里的鲔鱼，另一半的鲔鱼它再也不想了。

紧接着，科学家经过一星期之后，又将池子空间减少一半，同样的鲨鱼经过一连串的冲撞及头破血流之后，鲨鱼又学乖了，它活动的世界又少了一半(20×20公尺)，因此，它只吃它这一半池子里的鲔鱼，另一半的鲔鱼它再也不想了。

连续数周，池子一个礼拜比一个礼拜减少一半，最后鲨鱼活动的池子空间只剩下2.5×2.5公尺，几乎只是他身体的长度了，只见此时的鲨鱼，眼睛呆滞，活动力极差，一动也不动的躺在池子里，它想：眼前可口的鲔鱼和自己无缘，根本吃不到，甚至当科学家将强化玻璃移走之后，鲔鱼群在它四周游来游去，鲨鱼仍然不会张开利牙及大嘴，因为此时的鲨鱼，经过一连串的挫折，已经彻底挫伤了自信心，因此，当科学家下池在鲨鱼的四周，鲨鱼仍然视若无睹，不曾张开他的大嘴，最后这条鲨鱼只落得呜呼哀哉的命运了。

活动8：回顾与展望

活动总时间

活动目标

1. 此效能团体历程的彼此分享；

2. 往后的展望与建议。

活动过程

1. 检视上周作业，给予称赞与鼓励。

2. 成员轮流或自由发言分享此次参加研习的心得体会。

3. 领导者做综合的结论。

4. 家庭作业：结束团体活动之后，继续影印填写观察纪录表。

5. 结束：成员互道珍重再见。

6. 保密井的结束活动：

大家围在一起，彼此右手大拇指相扣。信守承诺，离开这个团体，不该谈的事严守保密的规约。

结语：母亲的魅力是孩子的魔力！

是的，一代一代的母亲就是这样美丽着，散发着她们不同的魅力，或许光彩四射，或许平淡无奇，她们的魅力影响着孩子们，成为孩子们快乐成长的魔力。

母亲，应该是什么样的？

她，应该是胸怀宽广，富有爱和同情，对人和世界充满关怀的。

她不执著于琐碎。她也有女人爱美甚至虚荣的天性，但是她不在这上面花费过多精力，她有着更宽广的世界。她从来不认为有些事情只属于男人，她兴趣广泛，视野开阔。她是丈夫谈话的好对手，是孩子的启蒙老师。她不一定学富五车，但她有自己的独立思想和观点。

她爱并宽容着身边每一个人，包括自己的孩子，丈夫，还有许许多多的陌生人。她不强求丈夫飞黄腾达，或者孩子善于表现，成绩优异。她承认并宽容他们的弱点，只要他们努力且快乐健康着，她就很满足。

她不以贫贱富贵区分人，从不教孩子鄙视远离外地民工。她不一定要在反战演讲中慷慨陈辞，但是她一样地热爱正义和和平。贫穷和不幸会让她落泪，她尽自己所能帮助那些没有她幸运的人。

她，应该是坚韧自制的，乐观上进的。

她也许很清贫，但这并不影响她对生活的热爱。她可以在深夜用粗布给孩子缝制漂亮的衣服，然后在清晨孩子们的惊喜中忘却辛劳。她不会催促丈夫去追求荣华富贵，她和她的孩子在清贫中自尊坚韧地快乐着。

她也许很富有，但是她从来不以富骄人。她生活低调朴素，优雅节制。她清楚人生的彼岸没有终点，她的追求从不懈怠。她知道如何善用财富并帮助他人。她避免用太多物质扰乱孩子的纯真。

她，应该有一个细致入微的，容易感动的心灵。

她可能知识渊博，学贯中西，她也可能没有太多的文化，可是这并不影响她和孩子一起分享春天第一朵花开的惊喜，秋天第一片叶落的诗意。无论她有没有条件带孩子去国外旅游，或者遍访名山大川，她都不会错过自然中的每一个美妙瞬间，并和孩子分享自己的体验。当这个孩子长大以后，他的童年记忆是富有的，鲜活的。他可能忘却了童年种种艰苦，只记得某一个午后，他和母亲憩息在竹林里，一丝若有若无的凉风拂面而来。

最后，她应该是美丽的。

她肯定是美丽的。她的容貌可能已经没有青春的光彩，也许皱纹已经爬上了额头，但是看看她注视孩子的目光吧：那是一双充溢着关爱和人生智慧的眼睛。看看她的手吧，她略显粗糙的手帮孩子掖好被角，那是一双多少付出的手！

是的，一代一代的母亲就是这样美丽着，散发着她们不同的魅力，或许光彩四射，或许平淡无奇，她们的魅力影响着孩子们，成为孩子们快乐成长的魔力。她们的魅力是有强大的生命力的，可以代代传承的！